미술관의 입구

미술관의 입구

신승수,
신은기,
최태산
지음

독일부터 네덜란드,
영국에 이르기까지
세계 미술관이 도시와 만나고
사람들과 만나고
예술작품과 만나는 방식

사람의무늬

Contents

일러두기

- 사람과 건축물은 맨 처음에 원어를 병기하고 이후에는 한글로 표기했으며, 건축물은 개관 연도까지 밝혔다.
- 외래어 표기는 국립국어원의 외래어표기법에 따랐다.

여는 글,

미술관의 입구의 '입구'

몇 해 전 대학로 아르코 미술관 중앙부를 가로막고 있던 담벼락이 헐렸습니다. 미술과 건축, 조경을 전공한 젊은 작가들이 모여서 닫혀 있던 미술관의 입구를 시민에게 열어 보이는 '오프닝 프로젝트'를 기획한 것입니다. 소식을 전해 듣고 현장으로 달려가보았습니다. 예전에 담으로 막혀 있어서 어둡고 음침했던 공간이 밝고 활기차게 변했고, 담벼락이 허물어져서 새롭게 열린 입구로 자유롭게 드나드는 수많은 사람을 보았습니다. 마침 길모퉁이 벽면 게시판에 프로젝트를 소개하는 글이 붙어 있어서 그 내용을 찬찬히 살펴보려고 벤치에 앉았는데, 얼마 지나지 않아서 벤치에 삼삼오오 둘러앉아 두런두런 이야기를 나누는 사람들이 가득찼습니다.

　아르코 미술관을 설계하신 고 김수근 선생님의 원안에는 본래 높은 담벼락이 존재하지 않았다고 합니다. 선생은 공공 미술관이란 누구나 자유롭고 차별 없이 접근할 수 있는 것이어야 한다는 생각을 담아서 다양한 방향에서 출입할 수 있으며, 전면의 대학로에서 후면

　　　　　　　　　　　　　　　　　미술관의 입구

의 낙산까지 미술관을 관통하며 연결되는 공간을 디자인하고자 하셨다고 합니다. 하지만 건축 심의를 거치면서 유지관리 등의 문제로 통로 개방이 좌절되었고, 대신 성인 눈높이 정도의 담벼락을 세우고 좁은 문을 만들어 통행하도록 수정되었는데, 타협안이 초래한 어정쩡하고, 어둡고, 은폐된 공간은 흡연과 노상방뇨, 쓰레기 무단투기 등이 벌어지는 온상이 되어서 결국 1980년대에 이 문을 막고 최근까지 우리가 보아온 그 높은 담벼락이 세워진 것입니다.

사용 중심의 공공성을 말한다

이 이야기는 비단 수십 년 전 해프닝이 아니라, 오늘날까지도 많은 공공 프로젝트에서 드물지 않게 발생되는 일이 아닌가 싶습니다. 물론 자문이나 심의 같은 디자인 프로세스는 필요하지만, 그러는 와중에 정작 지켜야 할 멋진 생각과 개념이 훼손되는 일도 많은 것 같습니다. 디자인 절차 자체가 문제가 되는 게 아니라, 디자인의 사회적 합의 프로세스가 너무나 개별적으로 학제화된 전문가 중심이다 보니 토론을 통한 합의보다는 일방적인 훈계조의 체크로 귀결된다는 점에 패착이 있는 것 같습니다.

그래서 디자인의 여러 단계 중에서도 공간 설계가 지향하는 목적과 어떻게 사용되기를 기대하는지 그리는 단계인 기획이 꼭 필요하다고 생각합니다. 이때 분야별 전문가뿐만 아니라 서비스와 활동을 제공하는 운영자, 그리고 설계된 공간을 향유할 사용자가 함께 테이블에 앉아서 꼭 지켜져야 할 디자인의 원칙과 추구해야 할 지향점을 만들어가야 합니다. 기획 단계의 라운드 테이블에서는 자기변호를 위해 언급되는 추상적이고 불특정적인 의미의 '사용자' 대신, 그 공간을 만들고 사용할 진짜 사람들의 의견이 존중되어야 합니다.

저는 사용자라는 말보다 '사용'이라는 말이 더 중요하게 여겨집니다. 한번 생각해보세요. 라운드 테이블에 진짜 사용자가 앉아 있다면 더 이상 사용자라는 이름을 빌어서 계획안을 변론하거나 지지하기보다는 어떻게 사용하면 좋을지 토론하게 되지 않을까요?

이와 반대로 토론과 합의가 어려운 경우는 저마다 추상적인 사용자를 대변하려고 할 때였던 것 같습니다. "이런 건 입주자들이 싫어할 게 틀림없어요"라든가 "시민들은 이런 시설을 정말 좋아하니까 이대로는 절대 성공할 수 없다"든가 "우리 시민들은 시의 상징물을 자랑스러워하니까 꼭 상징조형물로 디자인하자"처럼 여러 가지 논의가 시민의 이름으로 또는 공공의 이름으로 힘을 얻기도 하고 잃기도 했던 기억이 새록새록 떠오릅니다. 정작 그런 논의에 시민들이 참석해 의견을 직접 주신 적은 거의 없는 것 같습니다.

다시 강조하지만, 전문가들의 무능을 말하는 게 아닙니다. 오히려 건축, 도시, 조경, 시각 디자인 등의 전문가들이 한자리에 모여 공동의 문제를 두고 밀도 있는 토론을 하게끔 하기 위해서라도 사용을 하는 '사용자'와 사용을 제공하는 '운영자'가 함께하는 기획 디자인 단계는 꼭 마련되었으면 합니다. 이렇게 함께 만든 기획안은 반드시 그 개념과 취지가 관철될 수 있도록 좋은 행정으로 뒷받침되어야 합니다. 가뭄에 콩 나듯이 나온 훌륭한 기획안도 막상 발주될 때는 은근슬쩍 휴지조각처럼 사라지거나, 후속 절차에 아무 영향을 주지 못한 채 나중에 프로젝트를 접한 분들의 개별 의지대로 바뀌어버려서, 합의된 생각과 취지가 훼손되는 일이 때로 벌어지기 때문입니다.

이 모든 현상의 배경에는 지금까지 가능성보다 효율성을 우선해온 우리 사회가 있습니다. 토론과 합의라는 사회적 비용을 치르기보다는 체크리스트나 정량적 관리가 대부분이었고, 그때마다 정량화된 혹은 추상화된 사용자나 시민 또는 국민의 이름을 빌려 원론적인 이야기를 명분으로 해왔던 것 같습니다. 오늘날 사회적 욕구가 세분화되고 개별화되어 더더욱 정성적 접근이 필요한 만큼 효율성 중심의 근대적 접근방식만으로는 더 커다란 사회적 비용을 야기하게 될 것이 분명합니다.

그래서 구체적인 공간이 가지는, 그리고 사용 행위가 지니는 가능성과 의미를 마치 사용 후기를 적듯 써보면 좋겠다고 생각하게 되었습니다. 우리 사회에 원론적인 논의는 많은데 상대적으로 각론은 덜 이야기하고, 대부분의 문제가 원론이 잘못되어서가 아니라 각론을 다루다가 발생해왔기 때문입니다.

우리 주변에 상품이나 이벤트 사용 후기는 참 흔한데, 막상 우리의 일상을 빚어내는 가장 지속적인 사건인 건축 공간에 대한 구체적인 사용 후기나 평가 그리고 호불호를 비롯한 의견의 피력은 보기보다 드문 것 같습니다. 아마도 건축 공간이 갖는 특수성 때문일 테지요. 건축 공간은 다른 상품이나 이벤트와 다르게 오랜 시간 체험해야만 그 사용 가치가 드러나고, 그 본질상 개별적 공간으로서가 아니라 방들의 집합 또는 도시라는 집합의 부분집합으로서 존재하기 때문에 주변 환경과 긴밀하게 연결되어 있어서 하나의 건축물만

미술관의 입구

오프닝 프로젝트 이후의
아르코 미술관 입구 풍경 (2014년)

사용 평가를 하기에 한계가 있습니다.

바로 그런 이유로 그 사회가 구현하고자 하는 가치를 표방해야 할 공공 건축과 공공 공간이 제대로 논의되지 못한 채 방치되기도 합니다. 불특정한 공공의 이름을 빌려서 이런저런 요구를 다 담아내 겠다는 식의 '잡탕 공간', 모든 차이를 권위적인 상징물이나 기념비 적 키워드 안에 억압해두는 식의 '상징 공간', 어차피 불특정 다수가 쓰는 공간이니 아무런 특징 없이 만들겠다는 '중성 공간' 등이 난립 한 모습을 보십시오. 함께 쓰는 집이니 내 집보다 좋고, 함께 사용하 는 집이니 모두 쉽게 접근할 수 있어야 하겠지만, 현실에서 공공 건 축은 대개 도심에서 밀려난 변두리 막다른 길에 있고, 내 집보다 싸 게 지으며, 공공은 공짜라는 등식으로 이해되는 일이 허다합니다.

누구나 자유로이 접근할 수 있는

오늘날은 '연결의 시대'입니다. 이 시대에 우리가 서로 만나고 공동 으로 사용하는 공적인 공간, 즉 '연결의 공간'은 남다른 의미를 갖 습니다. 이 중요한 공간이 누구의 공간도 될 수 없는 누구나의 공간 으로 전락해서는 안 됩니다. 그러기 위해서는 이런 공간에서 우리 가 공유할 사용 가치가 무엇인지 구체적으로 논의하고 그 비전을 그 려나갈 필요가 있습니다. 이때 바람직한 공공 건축과 공공 공간이 란 불특정 다수를 위한 추상적인 계획이 아니라 특정한 가치를 위 한 구체적인 계획이 되어야 할 것입니다. 이것이 제가 추상적인 '사 용자 중심'이 아니라 구체적인 '사용 중심'의 공공성을 이야기하는

미술관의 입구

까닭입니다. 공적인 공간은 구체적인 사용 가치가 전제되지 않으면, 개별적 사용자들의 사용은 뒷전으로 밀려난 채 운영 관리나 행정적 편의를 위해 거대한 원론 안에 방치되거나 제한되기 마련입니다. 아르코 미술관 담벼락에 얽힌 사연처럼 말이죠…….

미술관의 사례로 돌아가서, 이제부터라도 "공공 미술관은 누구나 자유롭고 차별 없이 접근할 수 있는 문화의 통로"라는 가치를 서로 이야기하고, 이 가치를 실현할 방법을 함께 고민해보면 어떨까요. 이런 점에서 아르코 미술관의 담벼락을 허문 오프닝 프로젝트는 매우 중요한 시사점을 던져주고 있습니다. 물리적인 벽을 허문 것뿐 아니라 사회적 합의 프로세스에서 본질적인 문제를 제기했기 때문입니다. 프로젝트팀은 60일 동안 시범으로 통로를 개방할 때 설문지를 돌려 시민들의 의견을 수렴했고, 이후에는 미술관을 비롯한 이해관계자들과 시민들이 함께 모여 향후 이 공간을 어떻게 사용할지 논의하는 토론회 자리를 만들었다고 합니다. 낮은 담장을 설치하는 결과로 마무리되어 아쉬움도 남지만, '미술관의 입구'라는 구체적인 사용 방식과 '열린 공간'이라는 구체적인 사용 가치를 둘러싼 사회적 합의 프로세스를 기획하고, 시민의 자율적 영역에서 생기는 열린 공간의 가능성을 제기했다는 점에서 높이 평가할 만한 사례임이 틀림없습니다.

오프닝 프로젝트가 있던 2013년에 이와 관련된 흥미로운 사건을 경험했습니다. 도서관에 관한 책을 쓰며 자료 수집차 로테르담을 방문했는데, 새로 건립된 중앙역에서 도심으로 나오는 길에 흰색과 파란색 줄무늬가 반복되는 배너광고가 철도역사 기둥에서 계속 눈에 띄는 겁니다. 잠시 후 역사를 빠져나와 운하 변 마우리츠 거리를 따라 걸어가는데 이번에는 같은 배너가 커다란 나무들의 허리춤을 감싼 모습이 보이고, 시청에 도착하자 시청 출입문 기둥에도 동일한 배너가 등장하는 겁니다.

이쯤 되니 궁금해집니다. 주변 사람에게 물으니 이 줄무늬 배너가 다름 아닌 세계적인 패션디자이너 장 폴 고티에의 트레이드마크라고 이야기하면서 현재 쿤스탈(Kunsthal Rotterdam, 1992년 개관)에 고티에 전시가 있다고 알려주었습니다. 곧바로 행선지를 바꾸어 네덜란드 건축관(NAi: Netherlands Architecture Institute)과 뮤지엄파크를 가로질러서 쿤스탈로 넘어가는데 역시나 이곳에도 여기저기 줄무늬 배너가 세워져 있어서 미술관 입구까지 친절하게 안내해주었습니다.

탄탄한 기획만큼이나 전시도 매우 훌륭해서 아마도 평생 장 폴 고티에와 이 전시의 감동을 잊지 못할 것 같습니다. 2008년 쿤스탈에서 조각가 앤토니 곰리(Antony Gormley)의 전시가 있었을 때 네덜란드 건축관, 유로마스트 타워, 에라스무스 대학을 비롯한 공공건물에 납으로 만든 인물상들이 설치된 기억도 생생합니다. 이번에는 작가가 패션디자이너라는 점에 착안하여 천으로 된 배너를 마치 코르셋을 묶듯이 만들어놓은 것 같습니다.

어쩌면 이런 일련의 사건이 "뭐가 대단해"라고 생각할지도 모르겠습니다. 하지만 현업에 종사하다 보면 이른바 칸막이 행정이라는 장애물에 마주칠 경우가 꽤 있습니다. 단언컨대, 확실한 비전과 계획 아래에 각각의 담당 부서가 협력하여 공동 목표를 구현해가지 않고서는 앞서 이야기한 일들은 존재할 수 없을 겁니다. 미술관을 중심으로 시청을 비롯한 여러 공공기관이 협동하여 공공 건축과 공공 공간을, 더 나아가 도시 자체를 하나의 전시실로 만들어내기 위해서 얼마나 많은 협의와 조정을 거쳤을지 상상이 갑니다.

이렇게 통합적인 계획을 추진하려면 물리적인 공간이라는 '하드웨어'(hardware), 그 공간이 담는 프로그램과 일련의 사건이라고 할 수 있는 '소프트웨어'(software), 그리고 하드웨어와 소프트웨어가 작동할 수 있도록 사람, 조직, 제도 등을 연결하는 기술인 '오그웨어'(orgware)가 구체적인 '사용'을 중심으로 맞물려 돌아가야 합니다. 소프트웨어란 하드웨어를 사용하는 방식이며 오그웨어란 하드웨어와 소프트웨어를 통합적으로 사용하는 것이나 다름없기 때문입니다.

건축물과 도시 그리고 방들이 만나다

건축 공간에서 여러 가지 사용이 만나고 분기하는 곳이 바로 입구입니다. 건축물이 도시와 만나는 장소이자 건축물 내부의 방들과 만나게 되는 공간이며, 건축가 알도 반 아이크(Aldo van Eyck)가 말한 것처럼 "특별한 순간을 위한 장소"로서 계기가 되는 '사건의 관문'이기 때문입니다.

이 책은 사용이 시작되고 만나서 사건을 이루는 '사건의 관문', 다시 말해 입구를 살펴보고자 합니다. 모든 건축물에 입구가 있겠지만 이 책에서 다루고자 하는 공간은 다름 아닌 미술관입니다. 팝 아티스트 클래스 올덴버그(Claes Thure Oldenburg)가 말했듯이 "예술은 소통의 탁월한 기술"입니다. 이런 소통의 기술인 예술품을 그 안에 담으면서 동시에 사회와 소통시키는 공간이 바로 미술관이라는 시설입니다. 또한 미술관은 경제 가치 이외에도 수집 가치, 연결 가치, 교육 가치, 경험 가치 등 여러 가지 사용 가치를 만드는 공공시설입니다.[1] 오늘날 미술관은 예술품이 수장되고 전시되는 공간에 그치지 않고 예술과 관람자가 소통하는 컨텍스트이며, 교환 가치로 환원될 수 없는 총체적 경험과 복합적인 사용 가치를 생산하는 곳이라고 할 수 있습니다.

2006년 국제박물관협회(ICOM: International Council of Museum)는 박물관(미술관)을 사회 발전에 이바지하고, 공중에 개방되는 비영리의 항구적인 기관으로서 학습과 교육, 위락을 위해 인간과 인간의 환경에 대한 유형무형의 유산을 수집, 보존, 연구, 교류, 전시하는 시설로 정의한 바 있습니다. 이 정의처럼 미술관은 우리 삶을 풍요롭게 하는 배움의 공간이자 즐거움의 공간 그리고 무엇보다 예술품을 매개로 하여 우리와 사회 사이를 소통시키는 공간입니다. 이 미술관의 입구를 살펴보면서 미술관이 도시와 만나고 사람들과 만나고 예술작품과 만나는 방식에 대해 이야기하는 것이 바로 이 책 내용이 되겠습니다.

우리나라를 비롯하여 세상에는 참 멋지고 좋은 미술관이 많습니다. 이 책에서는 특히 유럽 선진국 가운데 혁신적이고 수준 높은 공공 건축과 공공 공간을 기획, 건립, 관리, 운영하고 있는 영국과 네덜란드의 미술관을 살펴볼 뿐 아니라, '미술관의 나라'라고 말할 만큼 개성 있고 훌륭한 컬렉션을 자랑하는 미술관이 지역 곳곳에 존재하며, 선도적이고 혁신적인 미술관 프로젝트로 도시를 경영해나가는 독일에서 만난 미술관들을 대상으로 하고자 합니다.

이 가운데서 우리에게 배움과 즐거움을 준 특징적인 입구를 찾아서 입구와 관계된 다양한 이야기를 함께 나누고자 합니다. 각각의 미술관 입구에 저마다 이름을 붙여보았지만 입구가 하나만 있는 미술관이 없고, 한 미술관에 여러 입구가 있는 경우도 있을 것입니다. 또한 입구로 들어와서 여러 갈래 길을 선택할 수 있듯이 여러분도 여러 가치 가운데 끌리는 것을 골라서 읽어주시면 좋겠습니다. 이 책은 미술관의 입구로 여러분을 초대하는 입구이며, 다양한 선택과 사건을 담아내는 미술관이라는 공간을 어떻게 쓸 수 있는지 안내하는 '사용 설명서'입니다.

미술관의 입구

01
연속적 입구

프랑크푸르트
무제움스우퍼와
슈테델 미술관

약 350여 개의 이민자 단체가 활발하게 활동하는 도시, 시민의 30퍼센트 이상이 이민자로 구성된 다문화 국제도시, 독일에서 안전한 도시 중 하나로 꼽히는 도시, 유럽중앙은행을 비롯한 세계 굴지의 은행들의 본사가 입주해 있는 금융도시, 세계 최대 규모의 국제도서전을 비롯해 수많은 문화행사가 열리는 이벤트의 도시, 무엇보다도 독일의 대문호(大文豪) 괴테가 태어난 도시, 이렇듯 수많은 타이틀을 가진 도시 프랑크푸르트 암 마인에 도착했다.

프랑크푸르트 암 마인은 말 그대로 라인 강의 지류인 마인 강을 끼고 있는 도시라는 뜻이다. 이런 긴 이름은 폴란드 국경 부근에 있는 또 하나의 프랑크푸르트인 프랑크푸르트 안 데르 오데르와 구분하기 위해서라고 한다. 프랑크푸르트(Frankfurt)라는 지명의 유래를 두고 '프랑크족'의 'frank'와 '얕은 강물'을 뜻하는 'furt'가 붙어서 만들어졌다는 설도 있고 '자유'를 의미하는 고대 독일어 'frei'와 'furt'가 합쳐져서 만들어졌다는 주장도 있다. 여하튼 도시 이름에서부터

얕은 강변을 중심으로 펼쳐지는 고즈넉한 분위기와 함께 독립적이고 자율적인 자유도시의 분위기가 느껴진다.

이런 자유와 개방성 때문이겠지만, 프랑크푸르트에는 왕족이나 귀족이 아닌 시민이 세운 최초의 미술관이자 독일에서 매우 중요한 미술관 가운데 하나로 꼽히는 슈테델 미술관(Stadel Museum, 1816년 개관)이 올해로 200주년을 맞아 그 건재함을 과시하고 있다. 은행가 겸 사업가 요한 프리드리히 슈테델(Johann Friedrich Stadel)이 남긴 오백여 점의 미술품을 바탕으로 1815년에 설립된 슈테델 재단이 바로 모태가 되었다. 프랑크푸르트가 자랑하는 이 미술관을 찾아서 설레는 마음으로 총총 걷기 시작했다.

무제움스우퍼, 마인 강변 따라 이어지는 미술관·박물관 길

프랑크푸르트 중앙역 앞 한 블록을 지나 오른편으로 십 분쯤 걷다 보면 마인 강 건너편으로 고색창연한 건물이 하나 보이고 이곳으로 바로 연결된 보행교가 눈에 들어온다. 한스 홀바인(Hans Holbein)의 이름을 따서 지었는지 이름이 홀바인 다리다. 천천히 강바람을 맞으면서 강변 풍경을 감상해본다. 구도심의 강 건너 남쪽 강변에는 샤우마인카이 거리를 중심으로 슈테델 미술관을 비롯해 커뮤니케이션 박물관(Museum fur Kommunikation Frankfurt, 1990년 개관), 건축 박물관(DAM: Deutsches Architektur Museum, 1984년 개관), 영화 박물관, 응용예술 미술관(Museum of Applied Art, 1984년 개관), 세계 문화 박물관 등이 자리하고 있고, 북쪽 강변에도 역사박물관, 유대인 박물관 등이 있어서 강변을 산책하다가 언제든지 자유롭게 문화에 접할 수 있도록 한 도시 문화의 틀이 서서히 눈에 들어온다. 강변을 따라 주택가를 연상시킬 만큼 미술관과 박물관이 겹겹이 쌓인 이곳이 바로 '무제움 스우퍼'(Museumsufer), 즉 '미술관/박물관 강둑길'이다.

무제움스우퍼는 마인 강변의 프리드리히 다리와 알테 다리 사이에 있는 미술관, 박물관 집적 지역으로, 반경 1킬로미터 내에 문화시설 70여 개소가 모여 있다. 이 두 교량의 중심에 있는 운터마인 다리를 포함한 세 개의 교량과 그 사이에 자리 잡은 두 개의 보행교, 홀바인 다리와 아이제너 다리로 연결된 양쪽 강변 구역이 바로 문화 도시 프랑크푸르트의 심장이며 이들 교량이 그 혈관인 셈이다.

무제움스우퍼를 형성하는 데에는 1970년부터 1990년까지 프랑크푸르트의 문화행정관으로 일한 힐마 호프만(Hilmar Hoffmann)이 큰 역할을 했다. 그는 강변에 시민 모두 쉽게 접근하고 자유롭게 누릴 수 있는 문화시설을 집적함으로써 프랑크푸르트를 가로지르는 마인 강을 '분단의 강'에서 '연결의 강'으로 바꾸고자 했다.[2] 성곽 바깥에 있는 이 지역에 대규모 정원이 달린 저택들이 들어서기 시작한 것은 18세기 무렵이라고 한다. 1806년에 구도심의 성곽을 허물고 더 많은 저택이 들어서게 되었고, 1873년에는 부두를 만들면서 계획적으로 관리되기 시작했으며, 바로 이즈음인 1878년에는 슈테델 재단도 오늘날 슈테델 미술관 자리로 옮겨왔다. 그런데 1970년대 들어 재개발의 여파로 기존의 매력적인 강변 풍경이 파괴되기 시작하자 시 정부는 마인 강변의 독특한 도시 풍경을 보전하고 이 지역의 문화자산을 활용하고 확장시키기 위해서 1976년에 '미술관/박물관 강

01 샤우마인카이 거리에서 바라본 홀바인 다리와 도심 풍경
02 벼룩시장이 열린 무제움스우퍼 거리 풍경
03 프랑크푸르트 커뮤니케이션 박물관 입구
04 벼룩시장이 열린 무제움스우퍼 거리 풍경

미술관의 입구

01	02
03	04

둑길' 계획안을 마련하게 된다.

강변을 향해 걸어가면서 안타까움이 커져갔다. 초고층 주상복합과 아파트가 빽빽하게 들어찬 한강변 풍경과 너무도 대조되는 풍경에 그런 마음이 들 수밖에 없었다. 조망을 상품화하고 특수 계층이 독점하는 사회에서 자라난 사람에게 40년 전 이 도시의 비전이 너무도 대단해 보여서 부러움과 동시에 부끄러움이 솟아올랐기 때문이다. 자연스럽게 일전에 방문했던 한강의 세빛둥둥섬이 떠올랐다. 이 건물 로비에 들어서면 식당을 비롯한 상점으로 가로막힌 공간을 마주하게 된다. 돈을 내고 밥을 먹거나 물건을 사야만 멋진 강변 뷰를 편하게 즐길 수 있도록 공간을 구성했구나 하는 생각이 들었다. 문화 선진 사회였다면 분명 강변으로 열린 조망을 갖는 로비를 중심으로 식당을 비롯한 여러 상점이 자리 잡고는 저마다 개성 있는 조망을 향해 열려 있도록 공간이 구성될 것이다. 작은 차이 같지만 큰 차이가 아닐 수 없다. 우리가 체험하는 공간 구석구석에 그 사회의 지향점이 새겨져 있는 법이다.

이런 멋진 비전을 품고서 만들어진 미술관/박물관 강둑길에는 마침 토요일을 맞아서 벼룩시장이 열리고 있었다. 이 강둑길은 강과 문화시설을 연결하는 길이자 문화시설과 문화시설을 연결하는 길이며, 그와 동시에 시민과 시민을 연결시키는 장터로도 기능하고 있으니 말 그대로 일석삼조가 아닐 수 없다. 장보기에 지친 사람들이 자연스럽게 미술관 앞 정원에, 쉼터에, 카페에 삼삼오오 모여드는 모습이 보인다. 미술관으로 들어서는 사람도 여럿 있다. 개성과 자율성, 그리고 다양성과 대중성을 중시하는 탈중심적이며 다원적인 사고를 포스트모더니즘의 특징이라고 한다면, 이 벼룩시장을 중심으로 펼쳐지는 문화공간이 바로 그런 곳이 아닐까. 이 문화시설들을 이른바 포스트모던 건축가들이 디자인했기 때문에 이런 생각은 더욱 탄력을 받을 수밖에 없었다.

건축사가 미카엘라 기벨하우젠(Michaela Giebelhausen)은 프랑크푸르트 미술관/박물관 강둑길 건축에 대해 이렇게 이야기한다.

❝ 무제움스우퍼의 개념은 크게 두 가지다. 하나는 역사적인 도시 조직을 보전하는 것이며 다른 하나는 도시의 이미지 변신이다. 독일에서 선례가 없던 영화 박물관과 건축 박물관을 설립한 것이나 미국의 스타 건축가 리처드 마이어(Richard Meier)의 첫 번째 유럽 프로젝트가 되었던 응용예술 미술관 국제 현상공모를 수행했던 것은 국내는 물론이거니와 국제적으로 프랑크푸르트라는 도시를 문화 거점으로 널리 알리고자 함이었다. 귄터 베니쉬(Gunter Behnisch), 한스 홀라인(Hans Hollein), 요세프 파울 클라이후에스(Josef Paul Kleihues), 구스타프 파이힐(Gustav Peichl), 악셀 슐테스(Axel Schultes), 그리고 오스발트 마티아스 웅거스(Oswald Mathias Ungers) 같은 쟁쟁한 스타 건축가들이 프랑크푸르트의 미술관들을 설계했다. 그 결과, 어느 비평가는 이 도시를 포스트모더니즘의 엘도라도라고 이름 지었다.[3] ❞

도시 속의 도시, 집 속의 집
커뮤니케이션 박물관과 건축 박물관

슈테델 미술관에 방문하기 전에 벼룩시장에서 각양각색의 손때 묻은 물건들을 구경하면서 어느덧 귄터 베니쉬가 설계한 커뮤니케이션 박물관 앞에 도달했다. 쉬어갈 곳을 찾다 보니 더욱 그랬겠지만, 커다란 캐노피 지붕 아래에 편안하게 오를 수 있는 계단과, 램프로 연결된 넉넉한 입구의 휴식 공간이 가장 인상적이었다. 마침 열 명도 너끈하게 앉을 수 있는 긴 벤치와 앙증맞게 디자인된 쓰레기통도 코앞에 있어서 잠시 앉아 요기를 하고, 벤치에 늘어지게 누워 지나가는 구름을 감상할 여유마저 생겼다. 잠시 후 건물 내외부를 찬찬히 둘러보니, 무대처럼 생긴 이 입구를 품은 건물이 마치 2층 높이의 커다랗고 긴 캐노피 지붕 아래에 놓인 투명한 수족관 같다는 생각이 들었다. 입구에 그늘을 만들어주는 캐노피 지붕 덕분에 투명한 창으로 마감된 내부에서 벌어지는 움직임과 풍경이 더욱 선명하게 드러나 보여서 어릴 적 형광 빛 관상어를 바라보았던 야릇한 설렘으로 박물관 안쪽으로 들어서고야 말았다.

　박물관 홀 안에는 뮤지엄숍과 카페 등이 있어서 누구나 자유롭게 들어와 이 멋진 공간을 누릴 수 있는데, 가장 놀라운 공간은 지하 전시 공간으로 이어지는 반원형 아트리움 지붕을 가진 선큰 형태의 입구였다. 도시 속의 도시랄까? 집 속의 집이랄까? 캐노피 아래의 무대형 입구 다음에 마주하는 아트리움 아래의 선큰형 입구는 마치 길을 걷다가 만난 광장에서처럼 도시 속을 걷는 느낌을 주었다. 그 반면에 아트리움 방향으로 열린 투명한 창 너머로 드러나는 옛 빌라와 수목이 우거진 정원의 풍경은 마치 집 마당을 산책하는 편안한 느낌을 주기에 충분했다. 도시적 스케일과 휴먼 스케일의 절묘한 결합이라고나 할까? 강둑길에 나란히 인접해 있는 옛 빌라 역시 커뮤니케이션 박물관의 사무실과 도서실로 쓰이는 공간이고, 정원의 나무를 피해가면서 지하의 전시 공간을 만들어냈다는 설명을 듣자 이 모든 것이 건축가의 의도된 계획이라는 생각에 감탄하지 않을 수 없었다. 건축가의 설명을 들어보자.

❝ 당시 설계공모에서는 대지 안에 있는 기존 빌라를 보전하거나 철거할 수 있다고 했습니다. 우리는 이 오래된 건물을 사무실과 도서실로 사용하여 보전하기로 했습니다. 이 결정에 기초해서 모든 것이 정해졌고, 디자인이 많이 제약되기는 했지만 이 제약조건이 이 프로젝트의 미덕이 되었습니다. 옛 빌라 오른쪽에 두 번째 빌라 같은 구조물을 덧붙여 주 출입구와 전시 공간을 마련했습니다. 하지만 강둑길 변 건물들의 스케일을 유지하기 위해서 콘크리트 실린더로 기존 수목의 뿌리를 보전해 가면서 정원을 파내어 그 지하에 전시 공간을 더 확보해야 했습니다. 바로 이런 콘크리트 실린더 드럼 주위로 천창을 만들어서 지하에 채광을 했습니다. 무엇보다 중요한 공간은 바로 기울어진 유리 실린더 아래에 있는 반원형의 빈 공간입니다. 이 비움의 공간은 모든 레벨을 연결하고 새로운 건물이 갖는 선형적 공간 구성에 적합한 종결점을 제공함으로써 건물의 심장과 같은 존재가 됩니다.[4] ❞

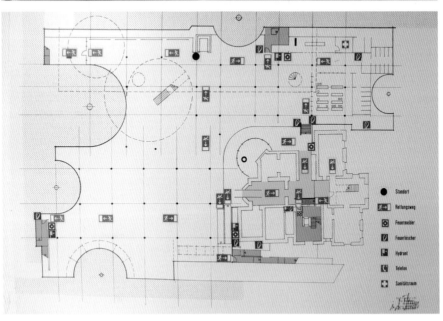

미술관의 입구

귄터 베니쉬가 심장이라고 칭한 유리 실린더 형태의 아트리움 밑 선큰형 입구로 들어가서 박물관 곳곳을 관람하고 다시 이곳으로 나왔다. 이 박물관의 전신은 1958년 문을 연 우편박물관(Bundespost Museum)이다. 전시장을 탐방하면서 우편, 전보, 전화, 팩스, 인터넷 등 온갖 통신 매체 변천사를 볼 수 있었다. 매체 자체의 기술적 변화와 더불어 통신 제품의 산업디자인 측면에서의 변화 역시 흥미로운 관람 포인트다. 선큰형 입구 바로 옆, 설치 작가 장 뤽 코르네크(Jean Luc Cornec)가 아날로그 다이얼 전화기를 이용해 만든 〈전화기 양〉(TribuT Telephon sheep, 1989년작)처럼 제품을 예술로 승화한 작품을 보는 재미도 쏠쏠하다. 이전에 강둑길 입구 벤치 앞에 있던 백남준 선생님의 〈Pre-Bell-Man〉(1990년작)은 보이지 않았다. 어디에 있는 것일까? 인터넷을 검색해도 소재를 알 수가 없다. 부디 행방을 아시면 알려주시기를 이 자리를 빌려 부탁드린다.

마침 여유 시간이 있어서 내친 김에 강둑길을 따라서 또 하나의 보행교인 아이제너 다리까지 걷기로 했다. 아이제너 다리에 못 미친 곳에 커뮤니케이션 박물관과 마찬가지로 기존의 옛 저택을 새로운 건축물로 연결시킨 응용예술 미술관이 기다리고 있기 때문이다. 이곳을 설계한 거장 리처드 마이어의 전시실이 따로 마련되어 있는 미술관을 향해 100미터쯤 걷다 보면 웅거스의 건축 박물관을 마주치게 되는데 꼭 들르기를 권한다.

기존의 19세기 빌라를 격자 형태의 아케이드로 둘러싼 이 박물관은 외부에서 내부로 들어올 경우에도 마치 외부 공간에 있는 듯한 느낌을 준다. 격자 형태의 아케이드 일부가 투명한 유리벽과 천창을

01
02

01 장 뤽 코르네크의 〈전화기 양〉
02 옛 빌라와 신축 건물 사이의 정원

미술관의 입구

01 프랑크푸르트 건축
   박물관의 입구
02 건축 박물관 후면의
   기획전시실
03 1층 기획전시실과 연결되는
   건축 박물관 지하의 강당
04 프랑크푸르트 건축
   박물관의 아케이드형 입구
   홀 및 카페
05 집 속의 집 개념이 적용된
   건축 박물관 내부의 소형
   전시실

연속적 입구

통해 내외부로 구획되어 있기 때문에 내부가 외부처럼 밝고 개방감 있다. 더구나 강둑길에 면한 전면에 카페를 마련해두어서 수많은 사람이 오가는 노천카페 같은 느낌이 물씬 난다.

곧이어 옛 건물 뒤편 코트야드로 연결되는 격자형 아케이드를 걸어 들어가면 격자들이 볼트로 변하면서 만들어진 기획 전시실이 나타난다. 2001년, 건축적 조각으로 유명한 클라우스 부리(Claus Bury)의 조각전을 필두로 인상적인 기획전이 현재까지 이어지고 있다.[5] 이밖에도 19세기 빌라 안에는 지하의 100석 규모 강당과 4개 층에 걸쳐 '집 속의 집'의 형태를 갖는 소형 전시실이 마련되어 있어서 건축 박물관이라는 이름에 걸맞게 도시에서 집 속의 집으로 이어지는 공간의 연속적 구성을 자랑한다. 서상우 교수는 이와 같은 공간 구성의 의도를 다음과 같이 설명한다.

❝   외형은 주변 건물들과 비슷하여 매우 고전적인 느낌을 주고 있으나 내부는 방문객이 거의 예견할 수 없을 정도로 새로운 격자를 기본으로 담백한 공간을 연출하고 있다. 즉 이 건축물은 '집 속의 집'이라는 이미지를 가지고 기존 건물의 외형은 그대로 둔 채로 내부를 새로운 격자 구조로 개조한 것이다. 기존 건물이 2가족용 저택으로 협소한 까닭에 입구부터 정원과 대지 경계까지를 실내공간화하여 전시 공간을 확보했다. 따라서 내부 공간 자체가 외부 공간으로 인식되도록 하였으며 중심부에는 상층부까지 연결된 별개의 구조가 '집 속의 집'을 이루고 있다. 건축물 자체가 하나의 전시물로서 주로 건축도면과 건축모형을 전시해놓고 있다.[6]   ❞

미술관의 입구

다시 말해서 협소한 공간에 도시적 스케일의 활동을 담기 위해서 내부 공간의 외부화를 시도했다는 것이다. 이런 웅거스의 공간 구성 방식은 그의 조교였던 네덜란드의 거장 건축가 렘 콜하스(Rem Koolhaas)의 '건축의 도시화'와도 일맥상통하는 점이 있다.

구멍난 언덕으로 숨을 뱉는 유기체, 슈테델 미술관

아무튼 집 속의 집, 도시 속의 도시라는 재미난 주제를 생각해보면서 건축 박물관과 바로 옆에 인접해 있는 영화 박물관을 지나서 드디어 '미술관 공원'(Metzlerpark: Museum Park)에 자리 잡은 응용예술 미술관에 도착했다. 강둑길에 면한 메츨러 저택(Villa Metzler)을 'ㄱ' 자 형태로 둘러싼 신축 건물 사이의 마인 강으로 열린 중정을 통해서 들어갈 수도 있지만 이왕이면 미술관 공원의 분수대며 나무들을 벗 삼아 걷고자 공원 한복판에 설치된 리차드 마이어의 원형 분수대를 지나서 강둑길과 50여 미터 차이를 두고 나란히 난 오솔길을 걸어서 들어갔다.

미술관 공원에서 응용예술 미술관으로 연결되는 오솔길은 건물과 닿아서 긴 아케이드로 전환된다. 온통 하얀색으로 칠해진 건물의 내외부는 녹음과 강렬한 대조를 이루며, 마침 내린 소나기로 젖은 대기를 배경으로 녹(綠)은 녹(綠)대로 백(白)은 백(白)대로 더욱 선명한 빛깔을 내뿜고 있었다. 기존의 메츨러 저택의 정방형 평면 모듈과 규칙적인 창호에서 비롯된 입면 모듈이 적용된 신축 건물동은 기존 건물과 브리지로 연결되어 있고, 커다란 창을 통해서 밝고 개방감 있는 공간으로 계획되어 있다. 도시와 자연, 그리고 건물과 건물 사이의 공간으로 열려 있는 경사로와 연결로가 네 채의 빌라 사이사이를 연결하고 관통하는 가운데 방문자는 전시된 작품들과 함께 프랑크푸르트의 하늘과 강, 그리고 도시와 녹음을 바라보게 된다.

프랭크 로이드 라이트(Frank Lloyd Wright)가 설계한 뉴욕 구겐하임 미술관(Solomon R. Guggenheim Museum, 1959년 개관)의 나선 경사로(ramp)가 전시품을 바라보는 가깝고 먼 시거리의 변화를 제공했다면, 리처드 마이어의 직선 경사로는 전시실과 전시실을 오가며 바라보게 되는 도시와 자연으로 열린 조망을 제공한다고 말할 수 있다. 물론 이런 조망 덕분에 내부와 외부를 순차적으로 지각하면서 이동 공간에서는 이완하고 전시 공간에서는 집중하는 게 가능해진다.[7] 그래서인지 백색 벽면의 차가움과 격자 시스템의 규칙성에도 불구하고 구속되어 있다는 느낌보다는 다양한 컨텍스트에 연결되어 있고 개방되어 있다는 느낌이 더 크게 다가왔다.

때마침 2014년에 시작된, 고정된 분류보다는 변화하는 컨텍스트의 가능성에 초점을 맞춘 상설전시 〈Elementary Parts: From the Collections〉을 비롯해 다양한 응용예술 콘텐츠를 관람할 수 있었다. 현재 이 미술관의 개념은 가능성의 공간이다. 수공예 박물관에서 응용예술 미술관으로 그 명칭이 바뀌면서 커뮤니케이션 기술에 기반을 둔 작품과 디지털 콘텐츠를 적극적으로 받아들이는 한편, 수동적 정보수집자가 아니라 능동적 행위자로서의 방문자 개념에 기초한 다양한 전시도 마련되어 있었다.

새로운 가능성을 찾아 한참을 미술관 산책으로 보내다가 마침

내 슈테델 미술관으로 발걸음을 돌렸다. 강둑길에 면한 앞뜰의 입구로 바로 가는 대신에 강둑길 한 블록 뒷길인 메츨러 거리와 슈테델 거리를 지나서 마침내 대면하기를 고대했던 '슈테델 미술관'의 뒤뜰에 도착했다. 구멍 난 언덕이랄까? 수백 개의 눈을 가진 초록 양탄자랄까? 초현실주의 그림 속에 들어온 느낌이다. 이 커다란 언덕 아래에는 195개의 천창을 통해 들어오는 간접광이 미술품을 밝히고 있는 커다란 지하 전시실이 숨어 있다. 약 3,000제곱미터에 달하는 이 지하 공간이 단 열두 개의 날렵한 기둥으로 지지되고 있다고 하니, 콘크리트로 만들어졌다기보다는 마치 숨 쉬는 생명체의 표피 같다는 착각에 빠진다. 한껏 숨을 뱉고 있는 것은 아닐까? 초록 괴물의 배 같다는 상상에 입가에 슬쩍 미소가 번져온다.

이 초록 언덕은 독일 건축가 슈나이더 · 슈마허(Schneider & Schumacher)의 작품이다. '21세기 슈테델 위원회'에서 주도한 증축 프로젝트 설계공모에서 당선되어 2012년에 완공되었다고 한다. 2008년 당선작이 결정되었을 때 심사위원들은 "프랑크푸르트가 특별하고 독특한 전시 공간을 가지게 되었을 뿐만 아니라 최첨단의 녹색 건물을 갖게 되었다"라고 평했다는데, 수백 개의 눈으로 무게를 줄이면서 동시에 빛을 받아들이고, 배불뚝이 형태로 구조를 강화하는 한편 공간감을 끌어올리고, 지열 시스템을 사용하여 온도와 습도를 조절하는 등 이 미술관을 꼼꼼하게 들여다볼수록 이 말에 수긍이 간다. 뭐랄까, 최첨단의 요소기술이 부분부분 적용되었다기보다는 기술과 공간이 유기적으로 통합되어 생명체처럼 숨 쉬고 있다는 느낌이 든다.

01 무제움스우퍼에서 바라본 미술관 공원의 입구와 그 너머의 분수대
02 미술관 공원 분수에서 바라본 응용예술 미술관 아케이드
03 미술관 공원과 연결되는 응용예술 미술관 아케이드
04 미술관 입구 홀에서 바라본 경사로
05 도시와 자연으로 열린 경사로

미술관의 입구

01 02 03
04 05

01 응용예술 미술관 전시실 내부 풍경
02 무제움스우퍼에서 바라본 응용예술 미술관
03 거리에서 바라본 슈테델 미술관의 뒤뜰
04 슈테델 미술관의 뒤뜰 풍경
05 슈테델 미술관의 뒤뜰 하부의 지하 전시실

미술관의 입구

| 01 | 02 |
| 03 | 04 | 05 |

머리에는 정원을 이고 몸통에는 전시실을 품고 있는 이 공간 앞에는 오스트리아 건축가 구스타프 파이힐이 설계한 서측동(1990년 완공)의 백색 대리석 입면이 유난히 밝게 빛나고 있었다. 벽면에 매달려 있는 수십 개의 원형 볼록거울이 수백 개의 천창을 반사하면서 펼쳐지는 무수하게 구멍 난 정원들을 바라보고 있자니 이 동쪽 정원의 입구가 더욱더 초현실주의적인 분위기가 난다. 슈테델 미술관이 자랑하는 요한 하인리히 빌헬름 티슈바인(Johann Heinrich Wilhelm Tischbein)의 〈캄파냐에서의 괴테〉(1787년작)에서 이상하리만큼 길게 늘어선 괴테의 왼쪽 다리를 통해서 이집트, 그리스, 로마의 역사가 자연스럽게 연결되듯이, 공간을 압도하면서 수없이 증폭되는 초록의 정원은 19세기, 20세기, 21세기의 미술관을 차례로 연결하고 있었다.

빛과 어둠의 경계에서 모든 색깔이 만들어진다는 독창적인 이론을 제창한 괴테. 어둠이 빛의 결핍이 아니고, 빛이 일곱 빛깔의 스펙트럼을 지닌 것이 아니라, 색채는 빛과 어둠의 상호작용, 빛과 어둠의 조합이라고 주장했던 괴테. '집 속의 집', '도시 속의 도시' 그리고 '옛것과 새것 사이의 대화'를 발견하면서 도달한 슈테델 미술관의 정원에서 괴테를 재발견하는 것은 어쩌면 당연할지도 모른다. 정원이면서 전시실이고, 배경이면서 전경(前景)이며, 시대를 달리하는 공간들을 연결하는 중정이자 입구인 이 공간이야말로 조화와 균형을 통한 이성과 비이성 사이의 통일성과 삶의 총체성을 믿었던 괴테를 많이도 닮았기 때문이다.

초록의 정원에서 한참을 소요한 뒤에 정문으로 돌아서 들어가,

01 200주년을 맞은 슈테델 미술관의 계단 홀 입구 풍경
02 티슈바인의 <캄파냐에서의 괴테>

연속적 입구

첫 전시실 첫 번째 벽면에 걸린 〈캄파냐에서의 괴테〉를 마주했다. 로마에 도착한 날 일기에 '나의 제2의 생일이자 진정한 삶이 다시 시작된 날'이라고 적었을 만큼 괴테가 사랑했던 그림 속의 땅과, 인공적이면서도 자연스럽고 고전적이면서도 현대적인 초록 언덕의 정원을 번갈아 떠올리면서 그 앞에 한동안 서 있었다…….

미술관의 입구

02

다면적 입구

프랑크푸르트
현대미술관과
쉬른 미술관

건축가들에게 프랑크푸르트의 명소를 물으면, '케이크 조각'이
라는 애칭으로도 불리는 현대미술관(MMK: Museum fur Moderne Kunst,
1991년도 개관)이 빠지지 않고 순위에 꼽힐 것이다. 삼각형 모양의 범
상치 않은 땅에 자리 잡은 이 미술관은 오스트리아 건축가 한스 홀
라인의 작품으로, 1983년 설계공모에 당선되고 8년 만인 1991년에
개관했다.

　프랑크푸르트의 문화시설이 대부분 무제움스우퍼라고 불리는
마인 강변 강둑길 주변에 자리 잡고 있는 데 반해, 프랑크푸르트 현
대미술관은 마인 강에서 세 블록 정도 떨어진 도심 한복판에 있다.
현재의 현대미술관은 제2차 세계대전 때 파괴된 2층 건물 자리에 건
립한 것으로, 신성로마제국 황제의 대관식이 치러졌다는 프랑크푸
르트 대성당과 대관식이 끝나고 축하연이 열렸던 장소로 알려진 뢰
머 광장 등 역사와 전통을 자랑하는 유서 깊은 건물과 장소에 인접
해 있다.

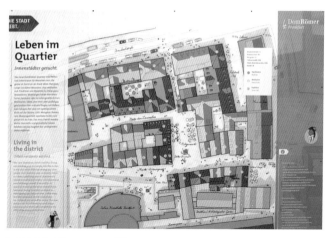

01 알테 다리 중간에 건립된 포르티쿠스
02 뢰머 광장의 풍경. 왼쪽 뒤편으로 돔 뢰머 공사용 크레인, 중앙 뒤로는 대성당, 오른쪽 건물 바로 뒤에는 쉬른 미술관이 보인다.
03 공사용 가설 울타리에 걸린 돔 뢰머 프로젝트 배치도
04 돔 뢰머 프로젝트 시청 신축 건물에 대한 안내판

다면적 입구

서로 다른 얼굴을 지닌 야누스적 공간, 쉬른 미술관

무제움스우퍼에서 몇몇 미술관을 둘러본 후, 쉬른 미술관(Schirn Kunsthalle Frankfurt, 1986년 개관)에 들렀다가 프랑크푸르트 현대미술관에 방문하기로 마음먹었다. 최근에 프랑크푸르트 대성당(Dom Frankfurt)과 뢰머 광장을 잇는 쉬른 미술관 주변을 대대적으로 재개발하는 돔 뢰머 프로젝트(Dom-Romer Project)를 일별하고 싶었기 때문이다. 알테 다리를 건너다가 다리 중간 섬 위에 세워진 현대미술센터인 포르티쿠스 미술관(Portikus)도 방문하고, 관광객이 군집해 있는 뢰머 광장에서 커피 한 잔의 여유를 부리다가 쉬른 미술관에 도착했다. 미술관 주변은 돔 뢰머 프로젝트가 한창이라서 공사용 가설 울타리가 둘러쳐 있는데다가, 미술관 안에서는 마침 중앙의 로툰다를 중심으로 내부 리노베이션 프로젝트도 진행되고 있어서 안팎으로 어수선한 분위기였다.

미술관 주변을 걷다 보니 2013년 브라질이 프랑크푸르트 도서전의 주빈국으로 선정된 것을 기념해 쉬른 미술관 아케이드 천장에 그려놓은 브라질 거리예술가의 푸른 물결 모양의 벽화도 보이고, 브루탈리즘(Brutalism) 건축으로 비난받아왔던 시청별관 건물을 허물고 그 자리에 중세의 옛길과 건물을 복원하는 돔 뢰머 프로젝트를 선전하는 안내판도 대면하게 되었다. 안내판을 꼼꼼하게 읽다 보니 아케이드와 예전 시청 별관 사이에 있던 오픈 뮤지엄(open museum) 형태의 로마 유적 자리는 새로운 시청 건물 내부로 옮겨진다고 한다. 옛길을 따라서 근린생활시설과 주거 용도의 건물로 복원 예정인 북측

미술관의 입구

대지와 명확한 기하학적 볼륨으로 구성된 쉬른 미술관 사이에 삽입된 문화집회 시설을 포함한 공공 공간의 켜(layer)가 일종의 형태적·프로그램적 완충 공간이 되는 셈이다. 안내판을 벗 삼아 벤더 거리에 면한 아케이드를 걷다 보니 어느새 프랑크푸르트 대성당 진입 광장에 닿아 있는 새로운 시청의 뾰족한 동쪽 단부가 드러나 보인다. 피렌체의 우피치 미술관(Galleria degli Uffizi, 1581년 개관)을 모델로 하여 뢰머 광장과 프랑크푸르트 대성당을 잇는 약 150미터 길이의 쉬른 미술관을 이제 막 횡단한 것이다. 짧은 여정이었지만 건축가 승효상 선생이 말한 무한한 시간여행을 의식하면서 가설 울타리 너머의 공간을 상상하면서 천천히 둘레길을 걸어보았다.

      대성당에서 시청사에 이르는 150미터 거리의 공간에다 옛날 길이 있었던 위치에 다시 길을 만들었으며, 건물이 있었던 부분은 건물로 광장은 다시 광장으로 안과 바깥을 만들고 그들을 적절히 연결시켰다. 그리고 새롭게 구축된 그 길을 따라가는 동안에 로마시대의 유적도 만나고 카롤링거 시대의 유적도 만나며, 근대의 비극도 만나고 현대의 시간과 흔적을 실제와 상상 속에서 부딪히는 무한한 시간여행을 하도록 하였다.[8]

상상 속에서 이 장소를 거닐다 보니 어쩌면 흔적에 상상력이 결합되었기 때문에, 그리고 과거와 현재가 흔적을 매개로 충돌하고 또한 대화하고 있기 때문에 무한한 시간여행도 가능한 것이라는 생각이 떠올랐다. 그런 까닭에 돔 뢰머 프로젝트가 자랑하는 옛 건물

01 대성당 진입 광장에서 바라본 쉬른 미술관과 신축 시청 별관
02 대성당으로 연결되는 쉬른 미술관 아케이드

미술관의 입구

01   02

01 프랑크푸르트 현대미술관 입구에서 바라본 대성당
02 쉬른 미술관의 잘 거리쪽 풍경

미술관의 입구

01

02

다면적 입구

의 형태를 모방한 복원은 박제된 세트와 같이 공허할 뿐 아닐까 하는 의심을 갖게 되었다. 어쩌면 전통성에 기반한 정체성이라는 것은 역사의 적층을 오늘의 언어로 담아내는 것, 과거와 현재가 대화하는 것이 아닐까 싶다. 이런 까닭에 성(聖)과 속(俗), 즉 프랑크푸르트 대성당과 뢰머 광장을 연결하는 동시에 미술관과 음악학교, 공방과 거주 공간, 문화시설과 상업시설을 연결한다는 공간 구성 개념으로 설계된 복합문화공간인 쉬른 미술관의 존재는 30년의 시간이 지난 오늘날에도 인상적이다.

마치 사투르누스 신에게 미래와 과거를 모두 볼 수 있는 능력을 받았다는 문(門)의 신 야누스처럼 서로 다른 두 얼굴을 가진 쉬른 미술관은 과거와 미래를 연결하고 새로운 가능성을 열어왔다. 원형의 로툰다, 반원형의 카페, '고고학 정원'(Archaologisches Museum Frankfurt)의 비정형적 흔적과 150미터에 이르는 직선 아케이드가 충돌하는 북측의 벤더 거리가 있다면, 다양한 형태로 된 4층 높이 주택들이 연접한 거리 중간에 사각형 볼륨이 삽입된 남측의 잘 거리의 대비가 바로 그와 같은 두 얼굴의 모습이라고 할 수 있겠다.

이런 야누스적인 특성은 수장품이 없는 미술관이면서도 일시적인 미술관으로서의 한계를 극복하려는 미술관 운영의 기본 방침에서도 명확하게 드러난다. 2001년부터 쉬른 미술관 관장을, 그리고 2006년부터는 슈테델 미술관과 리비히하우스(Liebieghaus)도 함께 맡아 운영하고 있는 막스 홀라인(Max Hollein) 관장은 연관 콘텐츠 지향성이나 프레젠테이션 디자인, 그리고 미술사적 접근법에서 쉬른 미술관은 일시적인 미술관이 아니라고 주장하면서, 수장품 없는 미술관으로서 쉬른 미술관의 책임은 현대적 시각으로 기초가 튼튼한 제안들을 개발해가는 것이며, 이로써 다시금 미술관들이 담론을 촉진하는 일을 담당할 수 있게 될 것이라고 말한다. 쉬른 미술관 홈페이지에는 이런 생각이 다음과 같이 요약되어 있다.

> 쉬른 미술관은 유럽에서 가장 중요한 전시 공간이다. 1986년 개관 이래, 연면적 약 2,000제곱미터의 공간에 200개 이상의 전시가 개최되었고, 현재까지 800만 명 이상이 방문했다. 쉬른 미술관은 미술사적 또는 문화사적 주제들과 현대적 시각에 입각한 동향에 초점을 맞추고 있으며, 다면적이고 국제적이며 진보적인 분야에 걸쳐서 새로운 관점을 도출하고 전통적인 반응 양식을 해체하고자 한다.[9]

대표적으로 2012년 쉬른 미술관과 리비히하우스에서 동시에 열린 팝아티스트 제프 쿤스(Jeff Koons)의 개인전에서는 화가와 조각가로서의 면모를 각각 회화와 조각을 전담하는 두 곳의 미술관에 나누어 전시했으며, 조각을 전담한 리비히하우스에서는 같은 전시실 안에 고대 조각들(상설전시)과 제프 쿤스의 작품(기획전시)을 병치시켜서 긴 시간의 차이를 두고 서로 다른 방식으로 만들어진 작품들을 통해 의미와 미의식 사이의 충돌과 대화의 가능성을 의도한 바 있다. 이밖에도 스마트폰 앱으로 도시의 열네 개 장소에 설치된 '거리 예술'을 투어할 수 있도록 기획한 2013년의 〈브라질 거리 예술전〉(Street Art Brazil), 그리고 쉬른 미술관의 로툰다, 무제움스우퍼의 홀바인 다리를 비롯하여 지하철, 시계탑과 같은 도시 인프라를 중심으로 도시 전

01 쉬른 미술관 입구 홀
    계단실
02 쿠엔 말베치가
    리노베이션한 쉬른
    미술관 입구 홀
03 쉬른 미술관 내부 풍경

역에 펼쳐진 현대미술가 로니 혼(Roni Horn)의 사진전 등 쉬른 미술관은 나날이 전시의 방식과 경계를 미술관 밖으로 확장시키면서 말 그대로 다면적이고 혁신적으로 시민들에게 접근하고 있다.

바깥 구경을 마치고, 개신교·유대교·이슬람교가 하나의 건물 안에 개별적 공간을 갖는 베를린의 '하우스 오브 원'(The House of One) 프로젝트의 건축가로 알려진 쿠엔 말베치(Kuehn Malvezzi)가 최근에 리노베이션한 쉬른 미술관 홀에 들어섰다. 그 순간 막스 홀라인 관장이 말한 '현대적인 시각'이 어떤 것인지 짐작할 수 있었다. 지하철 대형 광고판처럼 밝게 빛나는 빛의 띠와 빛의 벽, 그리고 단순하고 강렬한 타이포그래피가 컴퓨터로 제어되는 RGB빛 혼합 기술과 어우러져 마치 내부 공간 자체가 쉬른 미술관의 홈페이지를 3D 입체로 변환해놓은 것처럼 보였다. 어쩌면 새롭게 단장한 입구는 미술관이 홈페이지나 앱과 같은 디지털 포털과 짝을 이루는 아날로그의 포털이라는 것을 온몸으로 말하고 있는지도 모르겠다. 운영의 입장에서는 '원 소스 멀티유즈'이고 사용의 입장에서는 '하우스 오브 원'인 셈이다.

전시품과 전시 공간은 밀접한 관계에 있다, 프랑크푸르트 현대미술관

미술관을 빠져나와 대성당을 거쳐 드디어 프랑크푸르트 현대미술관으로 발걸음을 옮긴다. 이윽고 길 저편에 또 다른 아케이드가 보이기 시작했다. 포스트모더니즘 건축가로 알려진 한스 홀라인은 이 괴

상한 입면을 통해 어떤 의미를 전달하려 했던 것일까? 쉬른 미술관에서 돔 거리를 걸어서 마주하게 되는 남측면은 아케이드가 특징적이라면, 이 거대한 삼각형 건물의 삼면에는 거대한 창, 베이 프론트(bay front), 발코니 등 건축적 요소가 흰색 플라스터로 마감된 바탕면에 진열된 작품처럼 놓여 있다. 이곳이 마치 건축을 전시하는 전시벽이라고 말하는 듯이. 실제로 홀라인은 프랑크푸르트 현대미술관의 개관식을 두 번에 나누어서 하자고 제안했다고 한다. 한 번은 전시 작품 없이 건축만을 위한 개관식을, 또 한 번은 전시 작품이 들어선 후 미술관으로서의 탄생을 알리는 개관식을 말이다. 아쉽게도 그의 열망은 실현되지 못했다. 처음부터 한스 홀라인의 설계를 마땅치 않게 생각한 초대 관장 장-크리스토프 아망(Jean-Christophe Ammann)이 버티고 있었기 때문이다.

스위스 출신의 큐레이터이자 미술사가인 장-크리스토프 아망은 중성적인 방들로 구성된 커다란 백색 상자만을 원했지만, 그가 초대 관장으로 부임했을 당시에 한스 홀라인의 설계는 거의 완성 단계에 있었다고 한다.[10] 반면, 한스 홀라인의 공간 개념은 내외부가 모두 백색이라는 점에서는 장-크리스토프 아망이 원하는 바와 같지만, 중성적인 방(neutral room)이 아니라 콘텐츠와 공간이 구체적인 관계를 갖는 특정한 방(specific room)을 만들고자 했다는 점에서 정반대의 생각에 닿아 있었던 것이다. 미술평론가 심상용은 프랑크푸르트 현대미술관 내외부에서 나타나는 공간적 특성을 다음과 같이 적고 있다.

01
02

01 프랑크푸르트 현대미술관
　 입구의 아케이드와 카페
02 전시 벽면을 쌓아올린 듯 보이는
　 외부 입면

　　　　　　　　　　　　　　　미술관의 입구

    정면과 측면 구분 없이, 각각 독자적인 모습을 하고 있는 건물의 3면은 서로 다른 성격을 띠고 있으면서, 예기치 못한 충돌의 인상을 준다. 이 미술관은 이러한 방식으로 거대한 창고나 군대의 요새와도 같은 전통적인 미술관의 이미지로부터 이탈하는데, 그것은 주변의 도시와 젊고 친근하게 다가서고자 하는 미술관의 입장을 대변하는 것이다. 다소 장식이 많아 보이는 외부와는 달리, 매우 절제된 내부 공간은 대리석이란 화려한 장식을 거부하며, 백색의 간결함에 의해 유지된다. 외부의 장식과 내부의 간결함이라는 자의적인 문맥의 파괴는 미술관 전체에 탈모던, 혹은 후기 모던의 해체적 성격을 부여한다. 자연 채광과 인공 채광이 적절하게 혼합되면서 건축물의 내부는 일관된 밝기를 유지한다. 각 전시 공간들은 마치 미로와 같이 연결되면서 삼각형의 기하학적인 특성을 따라 독특한 동선을 만들어내고 있다.[11]

어쩌면 건축가는 백색 외벽을 배경에 두고 건축적 요소로 구성된 외부 장식을 통해 이 건물 자체가, 도시라는 오픈 뮤지엄의 소장품임을 드러내 보이고 싶었을지 모른다. 따라서 이 건축 작품 또한 내부의 방들과 마찬가지로 도시를 상대로 유기적 관계를 맺음으로써 삼면 각각이 독립적으로 도시에 대응하는 다면성을 갖게 되었을 것이다. 한편, 미로처럼 얽혀 있고 극장처럼 하나의 공간이 또 다른 공간과 보고 보이는 시각적 상호관계를 이루는 백색의 내부 공간은 외부 공간보다 더욱더 시각적인 긴장감을 고조시킨다. 마치 끊임없이 연결되는 골목길을 걷다가 길모퉁이를 돌아서 소광장에 닿고, 전망대에 이르고, 놀이터에 도착하고, 신전에 진입하는 것만 같은 공

01 갈래길이 시작되는 프랑크푸르트 현대미술관 입구 홀
02 클래스 올덴버그의 〈최신 유행의 미술관〉이 전시된 벽
03 갈래길이 모이는 중앙 홀에 설치된 사이먼 스탈링의 〈난징 입자〉
04 미로 같은 동선이 펼쳐지는 내부 공간
05 길과 길 사이에서 만나게 되는 전시실
06 도시로 열린 전시실 내부 풍경

미술관의 입구

01		04	05
	03		
02		06	

간 산책의 재미가 쏠쏠하다.

이 공간 산책길을 통해서 거쳐가는 수많은 전시실에는 저마다 특징적인 공간에 걸맞은 전시작품이 놓여 있어서, 작품을 보고 경험하는 행위가 지루할 틈이 없다. 지금은 자리를 옮겼지만, 오랫동안 삼각형의 뾰족한 부분에 전시된 조각가 카타리나 프리치(Katharina Fritsch)의 〈식사모임〉(1988년작)이나 얼음처럼 차가워 보이는 중앙 홀에 위치한 사이먼 스탈링(Simon Starling)의 〈난징 입자〉(2008년작), 그리고 이 중앙 홀을 내려다볼 수 있는 내부 발코니 벽에 전시된 클래스 올덴버그의 〈최신 유행의 미술관〉(1994년작) 등의 작품은 본래부터 이 장소를 위해서 제작되었다는 생각이 들 정도로 공간과 밀접한 관계를 맺는다.

장-크리스토프 아망과는 대립적인 입장에 있었지만, 결국 전시품과 전시 공간 사이에 밀접한 관계를 구축하고자 했던 건축가의 신념은 현대에 이르러 더욱 긍정적인 평가를 받고 있는 것 같다. 이와 관련하여, 미술관 홈페이지는 "미술관 안에는 중성적인 공간이 있을 수 없다. 단지 서로 다른 크기와 서로 다른 접근로를 갖는 특징적인 공간들이 있을 뿐이다. 이 특징적인 공간들이 예술작품과 변증법적인 관계에 들게 됨으로써 상호적인 발전으로 나아가는 것이다"라고 주장한 한스 홀라인의 말을 인용하면서 그의 공간을 다음과 같이 평가한다.

❝ MMK에는 거의 40개에 이르는 방들이 있다. 이 방들은 건물의 독특한 형태로 말미암아 개별적으로 설계되었다. 따라서 이 미술관을

다른 장소의 일반적인 미술관과 비교하기는 어렵다. 결과적으로 MMK에는 건축과 예술의 놀라운 균형이 존재한다. 방문객들은 예술을 통해서 건축을 인지하는 한편, 건축을 통해서 예술을 인지하게 된다.[12] ▼▼

다른 세계로 빨려들어갈 듯 모이고 흩어지는 합류길과 갈래길, 그리고 에둘러가는 에움길과 가로질러가는 지름길, 골목 사이의 고샅길과 낭떠러지에 면하는 벼룻길이, 천창과 측창을 통해 내부 깊숙이 들어오는 충만한 빛 아래 펼쳐지는 이 매력적인 내부 공간을 거닐다 보니 예술을 통해서 건축을 인지하고 건축을 통해서 예술을 인지하게 된다는 말에 깊게 동감하게 된다. 내부에 있으면서도 외부에 있는 것 같고, 외부 또한 도시라는 이름의 미술관 내부로서 접근되었던 이곳을 나오면서 프랑크푸르트학파의 부정의 변증법을 떠올리는 것은 너무 큰 비약일까? 그렇게 자문해보면서 폐쇄적 필연성에서 벗어나 끊임없는 부정을 통해서 동일성의 체계로 포섭되지 않는 열린 주체를 꿈꾸던 그들의 사유에 대해서 생각해본다.

어떤 공간으로도 변할 수 있는, MMK2

출입구로 나와서 바로 MMK2로 이동하려고 MMK 바로 앞에 있는 MMK3는 그냥 지나쳐갔다. 과거 세관 건물로 사용된 MMK3는 현재 젊은 예술가들의 실험적인 작업을 전시하는 공간으로 사용된다. 이제는 클래식으로 자리매김된 현대 거장들의 작품들이 전시되는 공간 바로 앞에 미래의 거장을 꿈꾸는 젊은이들의 실험이 불철주야 계속되고 있는 것이다. 그들을 마음으로 응원하면서 숙소 근처에 있는 MMK2로 서둘러 되돌아섰다. 프랑크푸르트를 둘러싸고 있는 도시 공원에 바로 면해 있는 이 미술관이 제법 멀리 떨어져 있었기 때문이다.

2014년 10월, 프랑크푸르트 현대미술관은 '3개의 미술관'이 탄생했음을 알렸다. 그 각각이 바로 MMK, MMK2, MMK3다. 흥미롭게도 MMK2는 높이 170미터에 이르는 초고층 오피스 건물 안에 들어서게 되었다. 타우누스 타워(Taunus Tower)로 불리는 이 건물이 자리 잡은 장소는 프랑크푸르트 구 시가지를 둘러 조성된 공원인 타우누스 정원에 바로 인접한 곳으로, 도심으로 진입하는 관문 공간이자 유로 타워와 코메르츠방크 타워 같은 초고층 타워들이 들어선 금융의 중심지며, 그와 동시에 울창한 수목이 우거진 도심의 숲이자 공원이 연속적으로 펼쳐지는 곳이다.

이 초고층 타워의 1층과 2층의 일부를 점유한 MMK2의 실내 공간 설계는 쉬른 미술관 홀의 리노베이션과 마찬가지로 쿠엔 말베치가 담당했다고 한다. 아쉽게도 마침 다른 전시를 준비하고 있어서 미술관에 들어갈 수는 없었지만, 1층의 카페 공간을 확인할 수 있었고 오피스 건물과는 별도의 출입구가 공원에 면해 계획된 사실도 알 수 있었다. 나중에 알게 되었지만 미술관으로 사용하기에는 사무실 용도로 계획된 건물의 층고가 낮아서, 건축가는 설비를 가급적 그대로 노출하면서 최소한의 디자인을 했다고 하며, 창이 많은 사무실 공간의 특성상 캐비닛 형태의 칸막이 벽면을 사용해 변경이 용이한 유연한 공간을 계획했다고 한다. 카타리나 프리치의 〈식사모임〉이

미술관의 입구

이곳으로 옮겨왔다는데, 이곳에서는 앞으로도 MMK의 수장품 가운데 일부를 옮겨와 임시 전시를 운영해나갈 계획이라고 한다.

어쩌면 장-크리스토프 아망이 20여 년 전에 바란 두 가지 열망이 성취된 것일지도 모른다. 하나는 부족한 미술관 면적을 확보하는 것이고, 다른 하나는 중성적인 백색 상자를 얻는 것이다. 전자는 MMK2의 2,000제곱미터에 달하는 공간이, 후자는 MMK2라는 미술관은 물론이며 그 어떤 용도의 건물로도 바뀔 수 있는 타우누스 타워라는 사무실 공간이 바로 그것이다. 아이러니하게도 건축가 쿠엔 말베치는 한스 홀라인의 MMK처럼 랜드스케이프 속에서 각각이 독립적이고 특징적인 공간들이 이어지는 전시 공간을 계획하고자 했던 것 같다. 비록 MMK와 달리 수평적인 제약조건 속에서 말이다. 어찌되었건 MMK 1, 2, 3에는 여러 가지 입장과 이야기들이 중첩되어 있으며, 다양한 '니즈'(needs)를 위한 다면적인 입구와 통로가 있는 것도 사실이다. 또한, 한편으로 MMK라는 개성적인 정체성이 돋보이는 공간과 탄탄한 수장품을 가지고 있었기 때문에 MMK2 같은 혁신적인 시스템의 실험도 가능했을 것이다.

MMK2는 부동산 개발업체에서 15년간 무상으로 현재의 공간을 사용할 수 있는 권리를 확보했다고 한다. 어떤 공간으로도 변할 수 있다는 것은 어떤 공간도 아닌 몰개성적인 공간이 될 위험도 있는 법이다. 수장품 없는 미술관이지만 일시적인 미술관의 한계를 극복하고자 끊임없이 새로움에 도전하고 있는 쉬른 미술관처럼 프랑크푸르트 현대미술관이 미술관이라는 경계를 도시 전역으로 확장시키는 새로운 역사를 써나가기를 기대한다.

미술관의 입구

01 공원에 면한 타우누스 타워에 위치한 MMK2 외부 풍경
02 MMK2 입구
03 MMK2 입구 홀 내부

03
투명한 입구

슈투트가르트
쿤스트뮤제움

인구 약 60만의 도시 슈투트가르트는 독일 남서부 지방에 있는 바덴뷔르템베르크 주의 주도다. 뮌헨과 더불어 독일 남부에서 부유한 도시로 손꼽히는 이 도시를 '그린 U 시티'라고들 한다. 도시 전체에 걸친 광범위한 녹지가 마치 알파벳 'U'자와 같은 형태로 도심을 둘러싸고 있기 때문이다.

우리에게 익숙한 동요 '깊은 산 속 옹달샘'이 만들어진 곳도 슈투트가르트를 중심으로 하는 이곳 슈바벤 지역으로, 도시 이름도 신성로마제국 시대에 슈바벤 백작이 만든 종마사육장에서 비롯되었다고 한다. 그래서 그런지 이 도시에는 공원과 숲으로 이루어진 광활한 녹지를 배경으로 세계적인 명품 자동차 회사인 메르세데스-벤츠와 포르쉐의 본사가 있을 뿐만 아니라, 고틀리프 다임러가 세계 최초의 2륜 자동차를 발명한 곳이기도 하다. 이런 명성에 걸맞게 메르세데스-벤츠 박물관과 포르쉐 박물관이 각각 2006년과 2009년에 문을 열어 이 지역에 수많은 자동차 팬의 발길이 끊이지 않는다.

슈투트가르트 21, 시민들의 공감과 동참이 없는 이상은 허상

하지만 건축가에게 슈투트가르트는 자동차의 성지라기보다는 근대건축의 성지다. 총괄건축가 미스 반 데어 로에(Ludwig Mies van der Rohe)를 필두로 르 코르뷔지에(Le Corbusier), 한스 샤룬(Hans Scharoun), 발터 그로피우스(Walter Gropius) 등 당대의 세계적인 건축가 16인이 참여하여 근대의 새로운 삶의 형식을 실험한 바이센호프 주거단지가 1927년 바로 이곳 슈투트가르트에서 구현되었기 때문이다. 그리고 최근에는 '슈투트가르트21' 프로젝트라는 거대한 실험이 우려 반 기대 반 세간의 관심을 불러모으고 있다.

이 프로젝트는 중앙역과 도심의 기존 지상 철도시설을 모두 철거하고 새로운 지하 선로를 건설하여 고속철도를 비롯한 철도교통의 접근성 및 효율성을 향상시킨다는 내용을 골자로 하고 있다. 약 65억 유로가 소요될 것으로 예상되는 이 프로젝트에는 연방정부와 지방정부, 독일철도회사가 공동으로 참여하고 있으며, 기존 선로의 철거와 철도시설의 지하화를 통해 얻게 되는 지상 부지를 매각해 건설 비용으로 충당하거나, 해당 부지를 다른 사회간접시설로 활용한다는 계획을 포함하고 있다.

하지만 2010년 가을, 막대한 공적 자금이 투입됨에도 사업계획 과정이 투명하지 않았고, 은행과 대기업의 이익을 위해 지역상권과 소비시장을 확대하는 사업에 불과하다는 주장에 동조하여 십만 명 이상의 시민이 프로젝트 반대 시위를 벌이며 상황이 달라졌다. 프로젝트의 공공성에 관한 뜨거운 토론이 일어났고, 파울 보나츠(Paul

Bonatz)가 고전적 모더니즘 양식으로 설계한 중앙역의 훼손을 두고 역사적 가치가 있는 건축물의 보존 및 유지관리를 두고 논쟁이 끊이지 않았다고 한다.

결국 프로젝트 찬반을 주민투표에 붙여 예정대로 사업을 진행하는 것으로 결정되었지만, 공공 프로젝트에서 시민들과의 소통과 참여가 확대되는 계기가 되었고 근대 산업유산의 예술적, 공공적 가치에 대한 사회적 공감대가 형성되었다고 한다. 아마도 20세기 초반의 바이센호프 주거 단지가 엘리트 건축가 및 계획가에 의한 도시를 꿈꾸었다면, 슈투트가르트21 프로젝트는 시민들의 공감과 동참이 없는 이상적 꿈은 허상이 될 수밖에 없다는 사실을 일깨워주고 있다.

슈투트가르트 중앙역에 도착해 파울 보나츠의 역사 건물로 이어지는 연결 통로를 걷다 보니 작은 창들이 연이어 도열해 있다. 창으로 다가가 바깥을 둘러보니 새로운 철도역의 지하 플랫폼 공사현장이 눈앞에 펼쳐진다. 엄청난 규모다! 메르세데스-벤츠와 포르쉐, 다임러, 보쉬 같은 세계적 대기업이 집결해 있는 바덴뷔르템베르크 주에 막힘없이 매끈한 유통망을 건설하기 위한 거대한 지하 인프라 공사의 전모가 이 작은 창을 통해 들어오는 경험 자체가 신기했다. 수많은 작은 창을 통해 거대한 프로젝트가 다른 시선과 각도로 이해되고 조망되는 것이야말로 우여곡절을 거치면서 진행되고 있는 이 프로젝트의 의의일 것이다.

창밖 풍경 너머로 20년 전 어느 날 잡지에서 본 슈투트가르트 중앙역 프로젝트 당선작의 매끄럽고 유기적 형태들이 머릿속에 스멀스멀 떠올랐다. 지하를 빛으로 밝히는 수많은 창이자 기둥인 구조

미술관의 입구

| | 01 | | 03 |
| | 02 | | |

01 슈투트가르트 중앙역
02 슈투트가르트 중앙역사와 플랫폼 사이를 잇는 연결 통로.
   슈투트가르트 21 프로젝트에 대한 패널과 공사현장을 보여주는
   작은 창들이 설치되었다.
03 연결 통로 창을 통해 바라본 슈투트가르트 21 프로젝트 공사현장

체들이 인상 깊던 당선작은 연결 통로의 작은 창들처럼 우리가 그 존재와 의미를 인지하고 이해할 수 있도록 만드는 건축적 '투명성'을 말하고자 했던 것은 아닐까? 근대 도시의 엘리트적 접근 방식이 계획가들의 이상을 현실화하는 것이었다면, 21세기의 도시에서는 현실과 대면하고 모순을 조율하여 바람직한 방향으로 이상화해나가는 과정, 즉 현실의 이상화 프로세스를 '투명하게' 공유한다는 사실이 슈투트가르트 중앙역을 빠져나오며 점점 단단해져갔다.

도시를 품어내는 투명한 입방체, 슈투트가르트 쿤스트뮤제움

아마 이런 생각 때문일까? 쾨니히 거리를 걷다가 마주한 슈투트가르트 쿤스트뮤제움(Kunstmuseum Stuttgart, 2004년 개관)의 투명한 입방체는 슐로스 광장(궁정광장)의 드넓은 초록과 어우러져 눈부시도록 빛나고 있었다. 슐로스 광장은 말 그대로 슈투트가르트의 심장과 같은 존재다. 보행 전용인 쾨니히 거리에 면한 약 150미터 폭의 잔디 광장을 중심으로 동쪽에는 노이에스 슐로스(Neues Schloss, 신궁전)가, 서쪽에는 쾨니히스바우(Konigsbau)가 마주 보며 자웅을 겨루는 가운데, 이 투명한 미술관은 마치 공중을 부유하는 듯한 가벼운 모습으로 슐로스 광장 남서쪽 모서리를 차지하고 있다.

쾨니히 거리에 면해서 슐로스 광장을 전망하는 장소에 자리 잡은 미술관 입구와 그 앞마당은 연일 커피와 차를 마시는 사람들로 인산인해를 이룬다. 쾨니히 거리를 걷다가 지친 사람, 슐로스 광장을 방문하다가 들른 관광객, 미술관 바로 옆 쾨니히스바우 아케이드

미술관의 입구

에서 쇼핑을 즐기다가 투명한 깊이에 이끌려 온 쇼핑객, 미술가 오토 딕스(Otto Dix)를 찾아오거나 현대미술 기획전을 보고 나온 미술학도로 미술관 홀과 카페는 분주하다. 카페와 홀이 명확하게 구분되지 않고, 대부분의 사람이 외부의 미술관 앞마당과 야외의 계단형 무대에 앉아서 삼삼오오 모여 있는 터라 카페가 미술관 홀에 있다기보다는 미술관 홀 자체가 카페라는 느낌이 든다.

파라솔이 펼쳐진 미술관 앞마당 너머 쾨니히 거리 중앙에 세워진 알렉산더 칼더(Alexander Calder)의 〈빨간 디스크와 주름〉(1973년작)은 미술관 내외부 경계의 모호함을 한층 강화한다. 미술관 소장품이 거리로 튀쳐나온 듯도 보이고, 쾨니히 거리를 포함한 슐로스 광장 자체가 거대한 미술관이라는 생각도 떠오르게 된다. 이런 생각은 미술관 뒷마당 격인 클라이너 슐로스 광장(Kleiner Schlossplatz, 작은 슐로스 광장)까지 연장된다. 슐로스 광장보다 한 층 높은 높이에 만들어진 이 광장에는 카르스텐 니콜라이(Carsten Nicolai)의 〈폴리릿〉(2006년작)이 설치되어 칼더의 〈빨간 디스크와 주름〉에 대응하는 현대적인 인터랙티브한 투명성을 선보이고 있다.

휴대전화를 비롯한 무선통신장치가 방출하는 전자기장을 빛과 소리 에너지로 전환하는 이 작품은 어두운 밤에 그 움직임이 더 잘 드러난다. 낮 동안 주변 환경을 비추는 거울 유리 안에 숨어 있던 빛과 소리의 진동은 어둠과 함께 자신의 모습을 드러낸다. 미술관 주변 전자기장의 변화, 즉 보이지 않는 주변 환경을 비추는 순간 사람들 간의 소통 행위가 투명한 입방체 안에서 드러나는 것이다. 마찬가지로 슈투트가르트 쿤스트뮤제움의 투명한 입면도 낮에는 외부의

01 쾨니히 거리에서 바라본 슐로스 광장과 신궁전
02 슐로스 광장 잔디밭에서 바라본 쿤스트뮤제움과 쾨니히스바우 아케이드
03 쿤스트뮤제움 앞마당과 계단형 무대
04 계단형 무대 공간과 미술관 카페 풍경

미술관의 입구

투명한 입구

도시를 담아내고 밤이 되면 전시 공간 내부의 볼륨을 드러낸다.

　　슈투트가르트 쿤스트뮤제움을 설계한 하셔-옐레 건축(Hascher Jehle Architektur)의 말을 직접 들어보자. 두 사람의 건축가는 새로운 소통의 공간을 만들고자 했던 의도를 이렇게 말하고 있다.

❝　미술관을 설계할 때 기본적인 생각은 방문객을 포함한 시민 모두에게 미술관이라는 일반적 성격을 넘어서서 도달할 수 있는 소통의 기회를, 안팎으로 제공하는 공간을 만들어내는 것이었습니다. 지하 공간이 매우 내부 지향적인 데 반해서 유리 입방체는 외부와의 관계를 강조하고 있습니다. 유리 입면 바로 뒤에는, 돌로 마감된 내부 입방체 안쪽의 전시실 출입층으로 연결되는 계단들이 있습니다. 전시실들과 입면 사이의 공간은 공공에 개방되어 있습니다. 따라서 미술관과 그 주변 공간은 도시생활의 한 부분이 됩니다.❞[13]

　　건축가의 설명에서 드러나는 바와 같이, 슈투트가르트 쿤스트뮤제움은 안팎으로 소통하는 투명한 공간이 특징적이다. 여기서 말하는 투명성은 비단 시각적인 투명성에서뿐 아니라 시민 모두 접근할 수 있는 공간, 즉 접근성 측면에서 더욱 중요한 의의가 있다. 본래 이 미술관은 자동차가 관통해 지나가던 지하 터널을 리노베이션해서 만든 것이기 때문이다. 과거에 네 개 차로 가운데 두 개 차로에 해당하는 공간이 현재 상설전시실로 탈바꿈되었으며 미술관 전체 전시 면적의 대부분이 이곳 지하에 있다.

　　한편 지하 터널의 지붕에 해당하던 공간이 바로 슐로스 광장과

한 층 높이 위에 위치한 클라이너 슐로스 광장이다. 하셔-엘레는 슐로스 광장에 면한 쾨니히 거리와 미술관 뒷마당 격인 클라이너 슐로스 광장을 야외계단형 무대로 입체적으로 연결해 자연스럽게 두 광장이 이어지도록 했으며, 두 층에 걸친 상설전시실 모두 광장 밑 지하에 자리 잡되 앞뒤의 광장과 밀접한 관계를 갖도록 했다. 그 반면에 지상층에 노출된 기획전시실은 투명한 입방체 내부, 라임스톤으로 마감한 벽면 안쪽에 배치해두는 한편, 그 사이 공간을 공공에 개방하여 도시를 조망하는 매력적인 공간으로 계획했고, 그 여정의 정점인 최상층에 레스토랑을 위치시켰다.

이 미술관을 방문한 사람들은 적어도 두 번 놀라운 공간을 경험하게 된다. 먼저 카페처럼 편안하고 개방감 있게 설계된 미술관 홀에서 들어서는 순간 사방으로 열린 미술관 공간 구조를 목격하게 된다. 위아래로 열린 틈새 공간을 통해서 지하의 상설전시실과 상부의 기획전시실 연결 동선이, 좌우로 열린 틈새 공간을 통해서 두 개의 광장을 연결하는 야외계단형 무대가, 앞뒤로 열린 공간을 통해서 각각 도시와 미술관이 그 모습을 드러내는 투명성의 깊이에, 그리고 최상층 레스토랑 앞 전망홀에 다다르는 순간 눈앞에 펼쳐지는 도시의 파노라마에서 드러나는 투명성의 너비에 놀라운 매력을 느끼게 될 것이다.

이렇게 자유로운 접근과 전망이 가능한 투명한 연결 공간으로 상설전시실과 기획전시실을 감싸는 공간 구조를 취하고, 여기에 시점과 종점에 카페와 레스토랑을 배치함으로써 기능적인 동시에 매력적인 내부 공간을 만들 수 있었고, 입체적으로 외부의 광장과 연

미술관의 입구

01 최상층 계단실에서 바라본 외부. 왼쪽에 슐로스 광장,
   오른쪽에 레스토랑이 보인다.
02 클라이너 슐로스 광장에서 쿤스트뮤제움과 카르스텐
   니콜라이의 〈폴리릿〉
03 투명한 유리 외피와 돌로 마감된 기획전시실 사이의 복도

01 입구 홀에서 바라본
   전시실 입구. 슐로스
   광장 하부의 지하
   공간으로 들어가는
   입구.
02 지하 터널을
   리노베이션하여
   만든 지하 두 층의
   상설전시실
03 지하 2층 전시실에서
   입구 홀로 올라와
   바라본 뮤지엄숍

미술관의 입구

04 지하 2층 전시실
05 지하 2층 전시실
끝에서 올려다본 입구
홀 너머의 쾨니히 거리

결되도록 함으로써 내외부 공간의 활기를 촉진할 수 있게 되었다. 건축가의 말마따나 미술관과 그 주변 공간은 도시생활의 한 부분으로 접근할 수 있고 사용되고 있다. 다음 설명에는 이런 공간 구조의 가치가 더 자세히 이야기되고 있다.

> 투명한 유리 입방체는 일종의 도시 무대로 쓰일 수 있는 가능성을 가집니다. 이것이 이 설계의 필수 요소입니다. 전시 공간을 방해하지 않고 여러 층에 걸친 공간들이 연결되기 때문에, 조용함이 요구되는 미술관 자체의 특성을 해치지 않고도 최상층이 공공적으로 사용될 수 있습니다.[14]

바라봄이 곧 사용이다

한마디로, 도시의 활동과 조망을 갖는 가로로 미술관을 감싸올려 전 층에서 도시와 접속되는 미술관을 만들었다는 이야기이고, 투명하고 입체적인 가로를 통해서 물리적인 접근과 시각적인 접근을 동시에 구현하는 무대와 같은 도시 공간을 만들고자 했다는 설명이다. 불현듯 말하는 건축가 고 정기용 선생의 말씀이 떠오른다. "건물을 바라보는 것도 건물을 사용하는 것." 무릇 시각적인 접근은 물리적인 접근의 예고편인 동시에 중요한 의사소통이기 때문이다.

슈투트가르트 쿤스트뮤제움은 슈투트가르트21 프로젝트만큼이나 오랜 시간이 걸렸고 뜨거운 토론을 불러일으켰다고 한다. 도시 한복판의 핵심적인 위치를 차지하고 있기 때문이기도 하지만 전후 시대 클라이너 슐로스 광장 지하에 건설한 교통 관련 도시 기반시설을 미술관으로 전환시키기 위해 건축, 토목, 교통, 도시 등 관련 분야를 아우르는 통합적인 계획이 요구되었기 때문이었을 것이다. 수많은 개별적 문제를 복합적으로 풀어내는 혁신적인 방식이 필요했을 것이고 각계각층의 다양한 의견을 조율해야 했을 것이다. 아마도 그런 이유 때문에 이십 년의 시간 동안 세 차례의 설계공모와 한 차례의 면밀한 도시계획조사가 요구되었을 것이다.

앞서 언급한 바와 같이 최종적인 계획안은 1999년에 열린 국제설계경기를 통해서 슈투트가르트 태생으로, 베를린에서 활동하는 건축가 하셔-옐레의 설계안으로 귀결되었다. 클라이너 슐로스 광장과 슐로스 광장을 입체적으로 연결하는 투명한 입방체 형태의 이 미술관을 두고 런던의 사치 갤러리(Saatchi Gallery, 1985년 개관)는 독특하지만 지나치지 않은 건축학적 보석이라고 평가하면서 슈투트가르트 도심의 오래된 건물들과 조화를 이루는 이 투명한 입방체의 현대적 특성을 다음과 같이 기술하고 있다.

❝❝ 슈투트가르트 쿤스트뮤제움은 과거의 접근법과 새로운 접근법을 결합한다는 취지에서 기존 구조물 위에 건설되었다. 현재 이 미술관의 전시는 최근의 국제적인 이슈들을 다루고 있다. 집중적으로 다루고 있는 네 가지 주요 주제는 장식(예컨대 아돌프 횔첼 Adolf Holzel의 작품), 정치와 사회비판(오토 딕스), 전복과 역설(특히 디터 로스 Dieter Roth의 작품), 그리고 순수미술과 응용미술 사이의 모호한 경계(아돌프 횔첼, 이다 코르케비

우스(Ida Kerkovius), 오스카어 슐레머(Oskar Schlemmer), 그리고 빌리 바우마이스터(Willi Baumeister))와 같은 것이다.[15]　🙿🙿

　　과거와 미래, 응시와 조망, 개인과 사회, 행위와 구조 등 상호 대응하는 것들 사이의 공존 지점이야말로 투명성이 깃들 최적의 장소는 아닐까? 이처럼 반문하면서 슈투트가르트 쿤스트뮤제움이 자랑하는 오토 딕스의 〈메트로폴리스〉(1928년 작품) 앞에 섰다. "화가는 판단하지 않고 직시한다"고 했던 그가 종전이 되고 10년이 지난 시점에서 그린 대도시의 음울한 풍경이다. 아름다움을 둘러싼 집단적인 이데올로기에 저항하면서 자신의 눈에 의지하여 세상과 마주하고 싸워왔던 한 개인의 저항이 여기 삼면화에 고스란히 담겨 있다. 그림 속에는 매춘부, 구걸하는 참전용사 그리고 퇴폐적인 사회의 이면이 그가 '보는 그대로' 신랄하게 그려져 있다. 불편하고 외면하고 싶은 현실의 추함을 직시하고 싸워내는 것, 그리고 그 추함을 아름다움으로 승화하는 순간을 응시한다. 진실을 직시한 거장들이 '추'를 '미'로 승화함으로써 막연하게 공유하고 있던 통념으로서의 미의식을 과감하게 파괴하고 새로운 시대의 미의식을 개척해왔다고 주장한 서경식 교수의 이야기가 그림 위에 겹쳐진다.[16]

　　보는 것이 적극적인 사용이라는 사실. 슈투트가르트 쿤스트뮤제움에서 만난 투명성은 서로 다른 것들을 연결해내는 방식에 관한 것이었다. 일상적이고 평범한 것들을 직시하는 것. 거기에 다가가는 것. 그럼으로써 반응하고 응답하고, 책임을 공유하는 것. 도시를 반사하고 도시를 품어내는 투명한 입방체에 서서, 미술관이 이렇게까

　　　　　　　　　　　　　미술관의 입구

01 입구 홀에서 바라본
　　거리 풍경
02 양혜규의
　　〈생 브누아가
　　5번지〉 너머로
　　보이는 거리 풍경
03 오토 딕스의
　　〈메트로폴리스〉

지 투명할 수 있는 것은 미술관이 시민에게 그만큼 개방되었기 때문이라는 생각이 들었다. 미술관은 작품을 바라보는 공간일 뿐만이 아니라 세상을 바라보는 공간이고, 서로 바라봄을 통해 연결되는 공간이라는 사실, 그리고 예술이란 소통의 기술에 다름 아니라는 사실을 이곳을 통해 배웠다.

건축가 다비드 브라보 보다스(David Bravo Bordas)는 슈투트가르트 쿤스트뮤제움을 평가하면서 장소의 가치를 회복시키는 공공 공간의 연결 시스템을 중요한 성과로 이야기한 바 있다. 이런 연결이 갖는 의미는 바로 투명함의 또 다른 특성일 것이다. 개방성, 투명성, 접근성, 연계성으로 이어지는 상호작용을 상상하면서, 그의 평가를 다시금 음미해본다.

❝ 이 프로젝트는 오랜 시간에 걸쳐 광범위한 문제들을 축적해온 출발점의 복잡함을 성공적으로 다루고 있다. 쿤스트뮤제움의 강렬한 입방체는 크론프린츠 궁(Kronprinzenpalais, 베를린 황태자궁)이 폭격되어 사라져버렸고, 스파게티처럼 뒤엉킨 교차로 건설로 이어지는 바람에 회복시키기 너무도 어려웠던, 광장의 모서리를 명확하게 회복시켜놓았다. 이곳에서 범했던 과거의 오류는 클라이너 슐로스 광장 윗면뿐만 아니라 그 밑의 터널에 걸쳐서 계획된 보행자들을 위한 공간을 마련함으로써 바로잡혀졌다. 또한, 기존의 지하 구조물 때문에 생겨난 두 광장 사이의 높이차는 슐로스 광장과 노이에스 슐로스 광장을 멋지게 내려다볼 수 있는 계단 길을 계획하는 좋은 계기가 되었으며, 활력 넘치는 쾨니히 거리에 접해 층층이 이어지는 좌석으로 구성된 명소를 제공했다. 이 프로젝트

미술관의 입구

는 슈투트가르트 도심을 눈에 띄게 풍요롭게 만드는 공공 공간들 간의 제대로 된 연결 시스템이다.[17]　**"**

04

다층적 입구

뮌헨
렌바흐 미술관과
쿤스트바우

예술과 문화의 도시 뮌헨에 도착했다. 뮌헨 하면 누가 뭐래도 맥주축제 옥토버페스트가 떠오른다. 독일 시인 하인리히 하이네는 뮌헨을 두고 '예술과 맥주 사이에 자리 잡은 도시'라고 했다는데,[18] 오늘날에도 매년 10월경에는 전 세계에서 몰려든 수많은 맥주 애호가로 도시가 떠들썩하다.

　　반면, 미술이나 건축 등 예술 분야에 관심 많은 사람들이라면, 뮌헨 하면 조각 미술관인 글립토테크(Glyptothek, 1830년 개관)와 회화 미술관인 알테 피나코테크(Alte Pinakothek, 1836년 개관)가 첫 번째로 떠오르는 이미지일 테고, 아마도 몇몇은 피로 얼룩진 1972년 뮌헨 올림픽의 악몽과 더불어, 야외무대를 덮는 거대한 투명 산처럼 보이는 귄터 베니쉬의 뮌헨 올림픽 경기장을 떠올리면서 고대 그리스에서 비롯되었다는 올림픽 정신에 대해 진지한 고민에 빠지게 될지도 모르겠다.

그런데 뮌헨과 연결된 이 모든 것의 배경에는 19세기를 풍미했던 두 인물의 역사가 새겨져 있다. 바이에른 국왕 루트비히 1세와 바이에른 왕국의 궁중건축가 레오 폰 클렌체(Leo von Klenze)가 바로 그들이다. 건축주와 건축가의 관계인 이 두 사람은 그리스 고전문화의 부활을 통해서 근대 민족국가 구축을 꿈꾸었다. 실제로 클렌체는 루트비히 1세의 명을 받고 아테네 아크로폴리스의 입구인 프로필라이아(Propylaea)을 실측했고, 아크로폴리스 재건을 포함한 아테네 도시계획에 관여하기도 했다. 실측과 정밀 스케치를 바탕으로 그가 재구성해놓은 〈아테네의 아크로폴리스와 아레오파고스의 이상적 풍경〉(1846년작)이 오늘도 뮌헨의 노이에 피나코테크(Neue Pinakothek)에 남아 있다. 이들에게 그리스 문화는 민주주의적 시민사회의 이상이었고, 그리스 건축은 민족주의와 시민적 미덕의 상징이었던 것이다.

유럽에서도 손꼽히는 고대 조각 컬렉션으로 유명한 글립토테크, 19세기의 가장 혁신적인 미술관으로 불리는 알테 피나코테크. 두 미술관 모두 루트비히 1세의 명으로 클렌체가 설계한 대표적인 작품들이다. 이밖에도 쾨니히스바우, 프로필라이아 등 뮌헨의 대표적인 건축물들이 루트비히 1세에 의해 기획되고 클렌체에 의해 설계되었다. 루트비히 1세와 작센의 테레제 공주의 결혼식에서 유래한 맥주축제 옥토버페스트가 열리는 광장인 테레지엔비제에는 클렌체가 설계한 루메스할레(Ruhmeshalle, 1854년 완공)가 160년 넘게 수많은 방문객을 맞이하고 있다.

한편, 그리스 사업가 에방겔로스 자파스의 발의로 부활한 1859년 그리스 올림픽은 바로 아테네의 루트비히 광장(Loudovikou

01 귄터 베니쉬가 설계한 뮌헨 올림픽 경기장 풍경
02 레오 폰 클렌체의 〈아테네의 아크로폴리스와 아레오파고스의 이상적 풍경〉

다층적 입구

square, 루도비쿠 광장)에서 열렸다고 한다. 당시 신생 독립국 그리스의 초대 국왕이 루트비히 1세의 차남 오토(Otto) 국왕이었고, 그는 클렌체를 초청해 고대 아테네 형태로 도시 재건을 꿈꾸었다고 하니, 루트비히 1세와 클렌체 없는 뮌헨을 이야기할 수 없다는 말과 뮌헨을 두고 '이자르 강변의 아테네'라고 일컫는 말에 수긍하지 않을 수 없다.

내부에 외부를 끌어들이는 전이의 공간, 렌바흐 미술관

뮌헨 중앙역에서 내려서 루이젠 거리를 따라 북쪽으로 걸어갔다. 10여 분 정도 걷다 보면 도시의 심장부가 서서히 모습을 드러낸다. 마치 고대로 시간이동을 한 느낌이랄까, 커다란 잔디 광장을 중심으로 그리스 신전과 같은 건축물이 동서남북에 버티고 있다. 이름하여 쾨니히스 광장(Konigsplatz), 즉 왕의 광장에 도착한 것이다. 그 이름에 걸맞게 이 광장 역시 루트비히 1세의 명으로 카를 폰 피셔(Karl von Fischer)와 클렌체에 의해서 아테네의 아크로폴리스를 모델로 하여 설계되었다고 한다. 본래 이 광장은 레지던츠 궁과 님펜부르크 궁을 잇는 왕의 길 '브리너 거리'와 연계하여 계획된 것으로, 이 길을 축으로 쾨니히스 광장의 서쪽과 동쪽에는 각각 도리아식 건축물인 프로필라이아와 오벨리스크가 세워져 있고, 북측에는 이오니아식 건축물인 글립토테크, 남측에는 코린트식 건축물인 뮌헨 국립 고대미술 박물관(Staatliche Antikensammlungen, 1848년 개관)이 광장을 중심으로 서로 대면하고 있다.

광장을 중심으로 한 바퀴 돌면 도리아, 이오니아, 코린트로 이

01 프로필라이아에서
바라본 글립토테크
02 렌바흐 미술관에서
바라본 프로필라이아
03 글립토테크에서
남쪽을 바라본
풍경(왼쪽은
국가 고대유물
콜렉션, 오른쪽은
프로필라이아)

어지는 고대 그리스 건축양식이 한꺼번에 펼쳐지는 가운데, 북서쪽 모서리 사이로 금빛 광채가 번쩍 눈길을 잡는다. 거대한 스케일 속에서도 눈에 띄는 이 아담한 미술관이 바로 렌바흐 미술관(Lenbachhaus, 1891년 개관)이다. 이름에서 느껴지듯이 이 미술관은 커다란 광장 모퉁이에 자리 잡은 19세기 화가 프란츠 폰 렌바흐(Franz von Lenbach)의 집에서 출발했다고 한다. 바실리 칸딘스키(Wassily Kandinsky), 파울 클레(Paul Klee), 프란츠 마르크(Franz Marc), 알렉세이 폰 야블렌스키(Alexej von Jawlensky) 등의 청기사파 작품을 마음껏 볼 수 있는 이곳이 최근 세계적인 영국 건축가 노먼 포스터(Norman Foster)의 증축 프로젝트(2009~2013년)로 새로운 활력을 얻고 있다.

황동과 알루미늄 합금 튜브로 마감된 증축동의 금빛 광채가 19세기 건축물의 황토벽과 어우러지며 매력적인 빛의 기운을 내뿜고 있어서, 자연스럽게 광장의 모퉁이로 발걸음을 옮길 수밖에 없었다. 이윽고 쾨니히스 광장이 끝나는 경계에 기존 건물과 새로운 증축동이 만나서 생긴 모퉁이 광장이 나타났다. 노먼 포스터는 이 아담한 광장에서 바로 들어가는 새로운 출입구를 만들어서, 여러 동선이 얽혀서 분주했던 미술관 안뜰을 평온한 도심 속 치유의 장소로 전환할 수 있었고, 진입 광장에 면한 브리너 거리 쪽으로 돌출한 증축동 하부에 카페와 레스토랑을 두고 야외 테라스를 광장 쪽으로 연장시켜서 밝고 활기찬 진입 공간을 만들어냈다.

주목할 사실은 노먼 포스터의 증축안이 뮌헨 올림픽에 맞추어 건설된 1972년 증축동[19]의 바닥 면적과 같은 크기 내에서 전시 면적의 증감 없이 레스토랑, 뮤지엄숍 등의 방문자 지원 시설을 만들어냈다는 점이다. 외부로 확장되는 증축을 대신해서 내부로 확장하는 방식을 취했던 것이다. 당연히 기존 건물의 동선과 방들의 연결 방식을 면밀하게 분석해서 불필요한 공용 공간을 없애고, 새로운 연결 방식에 따라서 공간 구성 조직을 개편하는 데 많은 에너지를 썼을 것이다. 건축가는 이 작업의 배경과 의미를 다음과 같이 이야기한다.

>> 우리의 중요한 과제는 미술관 건축 면적의 제한 안에서 새로운 이동 통로와 방문객을 위한 공간을 만들어내면서도, 전시 공간 면적을 이전과 동일한 수준으로 유지해내는 것이었습니다. 미술관의 여러 부분이 각기 발전해옴으로써 전형적인 공간이라고 할 만한 것이 없었습니다. 구석구석 모든 곳이 특징적이었고, 개별적인 관심과 서로 다른 디자인 결정이 필요했습니다. (⋯) 설계의 핵심은 갤러리라는 전통적인 틀의 바깥, 예컨대 아트리움 같은 공간에서 작품을 전시하는 새로운 기회를 창출하는 것입니다. 이런 공간은 '도시의 방'(urban room)이라는 개념으로 발전됩니다. 이것은 미술관의 공공적이고 사회적인 심장이며, 더 넓은 도시와의 연결 지점입니다.[20] >>

노먼 포스터가 말한 아트리움과 같은 바깥(outside)의 이미지가 귄터 베니쉬의 뮌헨 올림픽 경기장의 모습과 겹쳐진다. 전통적인 틀로서의 경기장의 바깥, 공원에서 하는 스포츠를 꿈꾼 귄터 베니쉬의 공간 개념이 도시의 방에서 미술품과 대면하게 하고자 했던 노먼 포스터의 공간 개념과 만나는 지점인 것이다. 이런 까닭에 더 넓은 도

01 렌바흐 미술관의 입구 홀
02 여러 켜의 공간이 중첩된 렌바흐
    미술관의 입구 홀
03 2층과 3층으로 이어지는 입구 홀의
    연속적인 계단
04 기존 렌바흐 주택의 외벽을 품고
    있는 증축동 내부의 켜
05 기존 주택의 외벽과 증축동 내벽
    사이의 공간을 통해 보이는 동선과
    뮤지엄숍

미술관의 입구

01		
02	04	05
03		

시로 열린 아트리움 같은 미술관 로비가 만들어졌다. 미술관의 사회적 심장으로 기능하는 이 3층 높이의 로비는 19세기 렌바흐 주택의 외벽을 감싸 안음으로써 과거의 외부가 내부로 전환되고, 주택의 내밀성이 아트리움의 개방성으로 전환되며, 이동의 공간이 공유의 공간으로 전환되는 전이적 경계공간을 만들어낸다. 이런 극적인 분위기를 강조하기 위해서 건축가는 오래된 건물의 외벽과 증축동이 만나는 경계에 고창을 두어 내부 벽면에 골 깊은 빛과 그림자의 패턴을 연출하는 한편, 주변의 빛을 반사시키고 굴절시키는 올라푸르 엘리아손(Olafur Eliasson)의 거대한 〈소용돌이〉(Wirbelwerk, 2012년작)에 닿는 빛줄기를 공급하고 있다.

빛으로 충만한 미술관 로비에는 마침 '사실과 허구'라는 타이틀로 기획전시가 열리고 있었다. 여러 대의 모니터에서 재난 관련 방송 클립이 동시에 재생되고 있어서 마치 뉴스룸에 와 있는 느낌이랄까! '도시의 방'이라는 개념과 맞아떨어지는 전시라는 생각이 든다. 기획전시를 뒤로하고 빛이 떨어져 내려오는 고창 쪽으로 눈을 돌리면 소용돌이마냥 커다란 공간을 감아 올라가는 기다란 계단을 마주하게 된다. 이 계단은 뭐랄까, 일종의 지름길 같다는 생각이 든다. 계단을 눈으로 쫓다 보면 2층에서는 '1945년 이후의 예술'과 '요제프 보이스', 3층에서는 '청기사'라고 돋을새김된 입구 표시가 보인다. 청기사를 선택하고 바로 3층 전시실로 올라갔다.

청기사파의 상징과도 같은 그림, 프란츠 마르크의 〈푸른 말〉(1911년작) 앞에 섰다. 무지개 색을 훔친 화가라고 했던가! 사물과 생명체를 비롯한 자연의 힘과 에너지를 색채의 상징적 특성을 통

| 01 | 02 |
| 03 | |

01 3층 발코니에서 바라본 올라푸르
   엘리아손의 〈소용돌이〉
02 프란츠 마르크의 〈푸른 말〉
03 알렉세이 폰 야블렌스키의 〈무용가
   알렉산더 사카로프의 초상〉

해서 표현하고자 했던 화가의 몸부림. 형태에서 색면으로 넘어가는 추상화의 관문에서 캔버스와 싸웠던 그의 푸른 말이 배경과 한몸이 되어 순수한 생명의 전율을 전해주는 듯싶다. 형형색색 밝고 투명한 빛을 뿜어내는 올라푸르 엘리아손의 〈소용돌이〉처럼 전시실마다 펼쳐지는 색의 유혹을 따라서 바실리 칸딘스키, 가브리엘레 뮌터(Gabriele Muenter), 아우구스트 마케(August Macke), 파울 클레 등을 지나 알렉세이 폰 야블렌스키의 〈무용가 알렉산더 사카로프의 초상〉(1909년) 앞에 닿았다. 추상화로 옮겨간 칸딘스키와는 달리 단순한 색채와 강렬한 색채를 끝까지 고수했던 그가 그린 한 남성의 초상화. 20세기 초 가장 혁신적인 무용가라고 불리는 알렉산더 사카로프의 모습은 강렬한 색채의 진동 속에서 여성도 남성도 아닌 묘한 전이적 형상으로 인지되었다. 음악과 함께 춤추는 것이 아니라 음악을 춤춘다고 했던 이 러시아 무용가의 말처럼 색에서 음악으로, 음악에서 몸으로 그 진동이 느껴지는 기분이랄까? 아무튼 무엇인가 서로 다른 것들 사이를 오가는 묘한 기분이 드는 그림이다.

갈등을 대면하는 렌바흐의 심장, 쿤스트바우

색채의 축제에 지친 몸을 달래기 위해 미술관 진입광장에 있는 아이스크림 가게를 찾아 바깥으로 나왔다. 잠시 쉬면서 찬찬히 주위를 둘러보니 노란색 네온등이 삽입된 기둥 열이 눈에 띈다. 나중에 알게 된 사실이지만, 총 10개의 이 범상치 않은 빛기둥은 라이트 아트의 대표작가 댄 플래빈(Dan Flavin)의 1994년도 작품이라고 한다. 렌바흐 미술관과 바로 앞 쾨니히스 광장 지하철역 지하에 위치한 쿤스트바우(Kunstbau, 1994년 개관) 간의 연결을 시각화하기 위해서 만들어진 이 빛기둥을 따라 쿤스트바우를 향해 걸어 내려갔다.

사실 쿤스트바우는 렌바흐 미술관의 일부이며 외부에 위치한 기획전시실이라고 할 수 있다. 그래서 당연한 이야기지만 10유로짜리 렌바흐 미술관 티켓을 사면 쿤스트바우 역시 방문할 수 있는, 두 미술관은 각각 지상과 지하에 위치한 하나의 시립 미술관인 셈이다. 낯설게도 지하철역 내부에 위치해 있는 쿤스트바우는, 흥미롭게도 플랫폼을 오르내리는 에스컬레이터에 서서 그 내부를 들여다볼 수 있도록 설계되어 있다. 대중교통 수단을 이용하면서 자연스럽게 문화 이벤트를 접하게 하려는 깊은 뜻이 읽히는 대목이다.

지하철역 플랫폼에는 렌바흐 미술관에서 본 무용가 알렉산더 사카로프와 다시금 마주칠 수 있다. 이 그림이 그려진 지하철역 출구 쪽에 쿤스트바우의 입구가 있어서 자연스럽게 미술관을 찾을 수 있고, 그림과 그림을 본 장소가 통일된 경험으로 각인된다. 속도만이 강조되는 기능적 움직임의 공간에서 만남이 강조되는 사회·문화적 움직임의 공간으로의 전환, 어쩌면 사카로프가 말한 음악을 춤춘다는 의미와도 통하는 지점이 있겠다는 생각이 들었다.

같은 맥락에서 도시계획가 마르턴 하예르(Maarten Hajer)는 기능적 흐름이 강조된 제로-마찰 사회에서 다수의 경험된 시간(experienced time)이 조우되는 사회·문화적 의미의 유동성으로의 전환을 촉구한 바 있다. 지하와 지상, 지하철역과 잔디광장, 과거와 현재, 친밀한 공간과 개방된 공간, 외부로의 확장과 내부로의 확장 등

01 쾨니히스 광장
지하철역 플랫폼
벽면에 그려진 〈무용가
알렉산더 사카로프의
초상〉
02 지하철역에서
진입하는 쿤스트바우
입구 홀의 모습
03 쿤스트바우 전시실
내부

미술관의 입구

04 지하철역
에스컬레이터 너머로
보이는 쿤스트바우
전시실
05 쿤스트바우
전시실 내부에서
바라본 지하철역
에스컬레이터

대립적인 것들 사이의 공존을 말하는 렌바흐 미술관의 다층적 입구에서 충돌과 갈등을 조율함으로써 공공 공간이 만들어진다고 주장하는 마르턴 하예르가 떠오른 것은 너무 멀리나간 것이었을까?

하지만 기차역이나 지하철역, 터미널 등의 공공 공간이 미학적인 이미지나 기능적인 효율성만으로 계획되고 요구되고 있는 오늘날, 이런 접근이 결국 마찰과 갈등을 없애는 양식적이고, 순응적이고, 부문별로 나뉘는 사회, 즉 동질적인 그룹으로 유형화되고 분리된 사회 공간을 만들어낼 수 있다는 그의 비판은 진지하게 고민해볼 문제다. 이런 까닭에 다양한 층위와 켜를 갖는 렌바흐 미술관의 입구는 대립적이지만 새로운 선택을 제시하는 공간, 프로그램 중심적이며 탈-부문적인 공간을 지향하는 하나의 시도라는 생각이 든다.

렌바흐 미술관의 지하 기획전시실, 쿤스트바우에 들어서는 순간 나는 이 공간이야말로 렌바흐 미술관의 심장이라는 확신이 들었다. 폭 14미터, 길이 110미터의 이 좁고 긴 지하 공간은 기술적인 문제로 사용되지 않고 버려진 지하철역의 일부를 재활용한 성공적인 사례다. 과거 국회의사당 건물을 리노베이션하여 뒤셀도르프K21 미술관(K21 Standehaus, 2002년 개관)을 설계한 건축가 우에 키슬러(Uwe Kiessler)가 이 지하 공간을 미술관으로 변모시킨 장본인이다. 깔끔하고 컴팩트하게 디자인된 로비를 지나 미술관 전시실로 입장하는 순간 이 공간의 구조가 한눈에 들어온다. 강렬한 레드카펫이 깔린 경사로와 철로를 연상시키는 천장의 조명 트랙이 위아래를 한정하는 가운데 점점 넓어지고 점점 높아지는 공간으로 깊게 빨려들어가는 느낌이다. 특히 양쪽 끝이 플랫폼으로 연결되는 에스컬레이터 방향으로 개방되어 있어서 지하지만 좁다거나 답답하게 느껴지지는 않고 공간의 깊이가 배가된다.

주로 현대미술이 전시되는 쿤스트바우의 첫 전시는 댄 플래빈의 라이트 아트였다고 한다. 빛으로 어두운 지하 공간의 존재를 드러내는 그의 작품을 통해 비로소 지하철의 쓸모없는 빈 공간이 혁신적인 미술관으로 탄생할 수 있던 것이다. 위풍당당한 신고전주의 건축물들이 도열한 쾨니히스 광장의 모퉁이를 남북 방향으로 가로지르는 렌바흐 미술관의 진입 마당과 쿤스트바우의 미술관 트랙이야말로 댄 플래빈의 네온등과 같은 존재가 아닐까 싶다. 양식주의의 거대한 무게를 가로지르며 가볍고 홀가분하게 주위를 둘러보게 만드는 연결과 전이의 공간. 아마 오늘날에도 그리스 문화의 부활이 필요하다면, 그 중심에 시민사회와 공공성이 있어야 할 것임은 두말할 필요도 없겠다.

한층 홀가분한 마음으로 쾨니히스 광장 쪽으로 다시 걸어나왔다. 그리스 문화의 부활을 꿈꾸었던 이 광장은 제3 제국 시대에는 나치당의 권력 선전의 무대로 쓰였다고 한다. 히틀러가 나치당에 가입해 지도자가 된 곳도 뮌헨이었으니, 뮌헨은 나치와 여러 모로 밀접한 관계가 있는 도시다. 하지만 나치를 전복시키려는 백장미단이 결성된 곳 또한 뮌헨이다. 또한, 가브리엘레 뮌터가 나치에 의해 퇴폐예술로 낙인찍힌 작품들을 숨겨두었다가 전후 뮌헨 시에 기탁했던 바로 그 작품들이, 비스마르크의 초상화로 유명했던 고루한 아카데미형 작가인 프란츠 폰 렌바흐가 자기 작품을 전시하려고 지은 호화주택에서 시작된 지금의 렌바흐 미술관의 근간을 이루었다고 한

01 렌바흐 미술관에서 본 쾨니히스 광장 지하철역 입구. 노랑 기둥은 댄 플래빈의 작품이다.
02 렌바흐 미술관 입체도 및 1층 평면도(Foster + Partners)
03 뮌헨 예술구역 문화시설 배치도

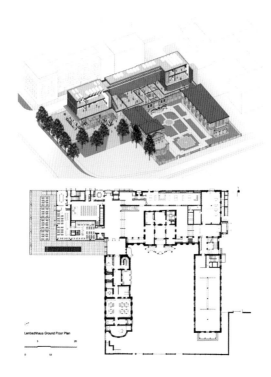

Lenbachhaus Ground Floor Plan

다.²¹ 역사는 참으로 모순적이고, 모순을 통해서 발전되는가 보다.

그래서 더더욱 올바른 선택을 위해서, 모순과 충돌을 피하는 기능적이고 미학적인 공간에 대항하여 갈등을 적극적으로 대면할 수 있는 열린 공간, 전위의 공간이 필요하다는 생각이 들었다. 지하철역 미술관 쿤스트바우처럼 일상적으로 빈번히 사용하는 공간이자, 새로운 관점의 문화적 이벤트에 접할 수 있는 기회에 열려 있는 공간이야말로 마르턴 하예르가 말하는 사회·문화적 의미의 유동성일 테니까 말이다. 공공 공간의 핵심은 만남의 가능성에 있다기보다는 관점이 바뀔 수 있는 기회에 있다는 그의 주장을 다시 한 번 곱씹어 본다.

❝ 성공적인 공공 공간의 핵심은 다른 사람들과의 '만남'이나 그들과 공간을 공유하는 것에 있다기보다는 근접성이 제공하는, 관점의 '전위'를 위한 기회에 있다. 요컨대 타자의 경험을 통해서 현실에 대한 자기 자신의 일상적 시각이 다른 시각과 다른 라이프스타일로 말미암아 경쟁에 들게 되는 것이다.²² ❞

미술관의 입구

05

길모퉁이 입구

뮌헨
브랜드호스트
미술관

Y TWOMBLY
FRANZ WEST im Dialog

쾨니히스 광장에서 조우한 글립토테크를 지나서 근대 미술관의 전형이라고 평가받는 알테 피나코테크를 찾아 발걸음을 옮겼다. 2012년 완공된 이집트 미술관(Staatliche Sammlung fur Agyptische Kunst)을 지나면 이윽고 드넓은 잔디 위로 길게 뻗은 알테 피나코테크의 남측면이 시야에 들어온다. 시간의 깊이가 더해진 그 유명한 입면이 태양빛으로 눈부시게 밝은 초록과 강렬한 대비를 이루고 있었다. 서측부 리노베이션이 한창이라, 폭격으로 파괴된 중앙부를 장식 없는 벽돌 벽으로 대담하게 복구해낸 1957년 한스 될가스트(Hans Dollgast)의 작업구간과 동측부만 드러나 보였지만, 역사의 상처와 흔적들이 한순간에 얼어붙어 시간이 정지된 느낌을 받기에는 충분했다.

01

02

01 알테 피나코테크의 남측면 동측부
02 북측 잔디 공원에 설치된 헨리 무어의 〈두 조각의 비스듬히
     기대고 있는 인물〉

미술관의 입구

미술관 공간의 기본을 보여주는 오래된 회화관,
알테 피나코테크

이 건물의 평면도를 살펴보면 쉽게 이해되지만, 클렌체가 설계한 알테 피나코테크의 혁신적인 방의 구성을 간단히 요약하자면 남측에는 로지아(loggia), 중심부에는 대형 전시 홀, 북측에는 여러 개의 캐비닛 형식의 작은 전시실로 연결되는 세 개의 공간켜가 동서 방향으로 길게 연속된 방식이다. 이런 구성 덕분에 각각의 방에 요구되는 적합한 동선과 채광조건을 합리적으로 확보할 수 있었다. 예컨대 중앙의 커다란 전시 홀은 빛으로 충만한 로지아와 천창을 통해 유입되는 반사광을, 북측의 작은 전시실은 북측 창을 통해 들어오는 간접광을 통해서 각각 회화 전시에 적합한 채광환경을 구성하는 한편, 동서를 가로질러 전체 전시홀을 연결하는 남측의 복도형 홀인 로지아를 중심 연결 축으로 유파별로 큰 그림이 걸려 있는 전시 홀과 작은 그림을 걸어둔 캐비닛으로 이어지는 합리적인 분류 및 동선 체계를 마련했던 것이다. 콘텐츠와 공간 사이의 합리적인 관계 설정이 돋보이는 이 19세기 미술관은 다음 평가와 같이 오늘날에도 여전히 미술관 공간 구성의 기본 틀을 제공하고 있다.

❝ 미술관 건물로서, 알테 피나코테크는 두 명의 전문가, 건축가 레오 폰 클렌체와 미술관장 요한 게오르크 폰 딜리스(Johann Georg von Dillis) 간의 생산적인 협력의 결과물이다. 커다란 홀과 그보다 작은 캐비닛 형식의 방들로 명확히 구분되는 구성 방식이라든가 빛으로 충만한 내부

공간, 그리고 벽을 온전히 그림을 걸어둘 수 있게끔 하는 동시에 눈부심 없는 조명이 가능하도록 하는 천창과 같이, 이들의 선구적인 생각들의 대부분이 오늘날에도 여전히 발현되고 있다. 또한, 전 세계 대부분의 갤러리들에서 그림을 전시하는 방식 역시 딜리스와 클렌체의 아이디어에서 유래되었다. 루브르 미술관(1792년 개관)의 선례를 따라서, '유파'와 시대별 구분을 통해 다양한 조건 속에서 작업했던 예술가들의 성과를 공평하게 다루었던 것이다.[23] 〝〝

1836년에 개관한 이 미술관의 입구는 본래 동측부에 있었다고 한다. 오늘날 알테 피나코테크 하면 떠오르는, 빨려들어갈 듯 길고 긴 계단실 역시 1957년 실시된 복구공사로 비롯된 것이다. 폭격으로 파괴된 2층의 로지아를 대신해 1층과 2층을 연결하는 이 계단실이 만들어지면서 주 출입구 역시 북측면 중앙부로 이동하게 되었다. 입구를 찾아서 동측부 코너를 돌아 북쪽 잔디 공원으로 접어들면 멀리 영국 조각가 헨리 무어(Henry Moore)의 〈두 조각의 비스듬히 기대고 있는 인물〉(1970년)이 눈에 들어오고 그 너머로 노이에 피나코테크(1853년 개관, 1981년 재개관)도 모습을 드러낸다.

한가로이 풀밭에 기대고 누운 사람들을 부러운 마음으로 한참 동안 바라보게 되었다. 마치 안방 바닥에 드러눕듯 편하게 누워서 일광욕을 하거나 책을 읽거나 소곤소곤 환담을 나누는 사람들로 둘러싸인 미술관! 아마도 대부분 알테 피나코테크 바로 옆 뮌헨공대 학생일 것이라는 생각과 함께 학문과 예술이 어우러진 캠퍼스란 이런 곳이 아닐까 싶었다. 미술관과 대학교가 함께 공유하는 잔디 공

미술관의 입구

01 빛으로 충만한 남측 계단실
02 알브레히트 뒤러와 알브레히트 알트도르퍼의
　 그림이 있는 전시실 풍경
03 알브레히트 알트도르퍼의 〈알렉산드로스
　 대왕의 이수스 전투〉

01

03　02

원이자 뮌헨 시민들의 캠퍼스. 나는 그 여유가 한없이 부러웠다.

잠깐의 달콤한 휴식 후에 몸을 일으켜 조토 디본도네(Giotto di Bondone)부터 장 오노레 프라고나르(Jean Honore Fragonard)까지, 이탈리아 중세 성화부터 프랑스 로코코 회화까지 아우르는 700여 점의 명화들이 기다리고 있다는 이 고전 회화의 보물창고에 들어섰다. 학수고대하던 알브레히트 뒤러(Albrecht Dürer)와 알브레히트 알트도르퍼(Albrecht Altdorfer)의 그림을 빨리 대면하고픈 마음에 2층 2번 전시실로 곧바로 발걸음을 돌렸다. 드디어 그 유명한 뒤러의 〈모피 코트를 입은 자화상〉(1498)과 알트도르퍼의 〈알렉산드로스 대왕의 이수스 전투〉(1529) 앞에 섰다. 자기성찰에서 출발한 최초의 자화상이라고 알려진 뒤러의 위풍당당한 자화상, 그리고 풍경을 배경이 아닌 주제로 다룬 최초의 풍경화가 알트도르퍼가 그린, 미술 역사상 가장 장엄한 장면인 이수스 전투의 풍경이 눈앞에 펼쳐진다.

찬찬히 살펴보면 두 그림에 모두 라틴어로 글이 적혀 있다. 검은 바탕 위에는 "뉘른베르크 출신의 나, 알브레히트 뒤러가 28세의 나이에 변하지 않는 색으로 자신을 그렸다"라고 쓰여 있고, 소용돌이치는 대기를 뿜어내며 솟구쳐 있는 글상자에는 "알렉산드로스 대왕이 십만 명의 페르시아 보병과 일만 기의 기병을 죽이고 다리우스를 격퇴했다. 다리우스는 천 기에 불과한 기병과 도망쳤으나 그의 어머니, 아내, 자식들은 모두 포로로 붙잡혔다"라고 쓰여 있다고 한다. 글의 내용만큼이나 영원하고 장엄한 느낌에 빠져들게 되어 가슴이 먹먹해지는 감동이 일어난다. 정면을 응시하는 시선과 대칭 구도가 전해주는 약간의 불편함과 연결된 압도적인 무게감, 그리고 모피와 머리카락의 섬세하고 치밀한 가벼움이 뒤섞인 이상야릇한 감동이 뒤러의 자화상에서 느껴졌다면, 멀리 지중해의 키프러스 섬과 나일 강의 일곱 개의 하구를 거쳐서 홍해까지 이어지는 지구적인 스케일을 그려낸 알트도르퍼의 이수스 전투에서는 말문이 막히는 숭고미랄까? 감동에 가슴이 요동쳤다.

이 장대한 풍경을 보며 더욱 가슴 뛰게 만드는 것은 밤을 비추는 달과 황혼에 저무는 태양이 동시에 그려진 검푸른 하늘과 뒤러의 머리카락만큼이나 치밀하게 그려진 수십만 명의 군사들의 전투 장면이 뿜어내는 압도적인 흐름의 힘이었던 것 같다. 두 그림 모두 신의 시선으로 보고 보이는 것 같은 성스러움이 벅찬 감동과 함께 전해진다. 특히 이수스 전투의 풍경에서는 개인에서 집단으로, 행위에서 구조로 그 중심이 변화되어 가는 풍경의 사회문화적 차원이 감동 위에 겹쳐졌다. 마르틴 바른케(Martin Warnke)는 이 그림의 의의를 다음과 같이 적고 있다.

❝ 개별 전사들이 목숨을 걸고 싸우는 중세적인 전투 표현과는 달리, 근대 전쟁에서는 집단적으로 동원된 군중이 등장한다. 알트도르퍼의 〈알렉산드로스 대왕의 전투〉에서는 이 집단적 전쟁 체험을 미세한 부분까지 하나하나 새겨넣듯이 그려내고 있다. 거대 군중이 동원된 전체적 사건은 풍경과 하늘의 장대한 파노라마 속에 단절 없이 조립되고, 양측 군대가 대변하는 동방과 서방의 분위기를 나타내는 특징이 대립되어 있다. 알트도르퍼는 전투화의 위쪽에 정치적 의미가 함축된 하늘의 풍경화를 덧붙임으로써 역사적 사실을 한껏 고양시켰다.[24] ❞

미술관의 입구

01 노이에 피나코테크 전면의 선큰형 수공간과 카페
02 노이에 피나코테크 입구 홀에서 바라본 거리 너머의 잔디 공원
03 노이에 피나코테크의 중정
04 피나코테크 데어 모데르네의 북측 입구와 잔디 공원

새 시대의 회화관들,
노이에 피나코테크와 피나코테크 데어 모데르네

장대한 파노라마의 여운을 가지고 알테 피나코테크를 빠져나와서 다시금 눈부신 햇살 아래 초록을 뿜어내는 잔디 공원 주변을 살펴보면, 이곳이 쾨니히스 광장과 더불어 쿤스타레알(Kunstareal, 뮌헨예술지구) 안의 또 다른 심장부임을 알게 된다. 잔디 공원으로 둘러싸인 알테 피나코테크를 중심으로 북쪽에는 노이에 피나코테크, 동쪽에는 피나코테크 데어 모데르네(Pinakothek der Moderne, 2002년 개관), 남쪽에는 이집트 미술관(1966년 개관), 서쪽에는 뮌헨 공대가 마주하고 있다. '오래된 회화관'이라는 뜻의 알테 피나코테크가 16세기 바이에른 공작의 수집품을 초석으로 14세기부터 18세기의 회화를 다루고 있다면, '새로운 회화관'이라는 뜻의 노이에 피나코테크는 19세기 루트비히 1세의 수집품을 초석으로 18세기 말부터 19세기까지, 신고전주의부터 후기 인상주의까지의 유럽 미술을 전시하고 있으며, 피나코테크 시리즈의 마지막 편이자 '현대 회화관'이라는 뜻의 피나코테크 데어 모데르네는 20세기 미술과 디자인에 집중하여 한 지붕 아래 디자인, 그래픽, 건축, 현대미술로 구분되는 네 개의 독립적인 컬렉션을 가지고 있다.[25]

제2차 세계대전으로 파괴된 19세기 건물을 알렉산더 폰 브란카(Alexander von Branca)가 설계해 재건한 노이에 피나코테크는 1981년에 개관했다. 외관은 심심하고 밋밋하지만, 연속되는 다양한 방을 둘러보다가 문득문득 마주하게 되는 고풍스러운 중정과 한켠에 놓

미술관의 입구

인 조각상들이 빚어내는 실내 공간의 풍요로움은 어떤 미술관과도 비교할 수 없을 만큼 매력적이다. 길을 걷다가 마주치는 중정의 공간이 길모퉁이 찻집과 같은 편안한 느낌이 든다면, 카를 로트만(Carl Rottmann)의 거대한 그리스 풍경화가 방 전체를 둘러싸고 있는 전시실은 무척이나 강렬하고 인상적이다. 마치 야외에 있는 것처럼 그리스 곳곳의 풍경이 손에 잡힐 듯 생생하게 펼쳐지는 이 그림 연작은 루트비히 1세가 아들인 오토가 그리스 왕이 된 것을 기념해 1832년에 주문했다고 한다. 장엄하다기보다는 숭고하다는 표현이 더 어울릴 법한 이 그림들은 비극도 희극도 아닌 알 수 없는 감정의 깊이를 만들어내면서 마음 속 가득히 대자연의 역동적 존재감을 심어준다.

2002년 개관한 피나코테크 데어 모데르네 건물 역시 노이에 피나코테크와 마찬가지로 시민과 학자들 사이에서 호불호가 갈린다. 공간 구성의 개념을 한마디로 요약하면, '집 속의 집'이라고 할 수 있겠다. 한 지붕 아래 네 개의 미술관이 25미터 높이의 거대한 유리 돔을 중심으로 유기적으로 엮여 있는 것이 특징이다. 그래서 동선이 분기되고 수렴되는 실내 원형 홀은 마치 도시 속 작은 광장과 같은 느낌이 들고 지하 전시장으로 이어지는 거대한 계단실은 야외무대와 같은 이벤트의 마당이 된다. 또한 남측 가벨스베르거 거리에 면해서는 강당과 카페로 구성된 보다 투명하고 개방적인 입면을, 북측 잔디 공원에 면해서는 보다 조형적인 입면을 구사함으로써 서로 다른 도시적 컨텍스트에 대응하도록 했다.

피나코테크 데어 모데르네에서 가장 인상적인 전시는 2015년 5월부터 2016년 1월까지 진행된 〈대립하는 예술〉(Counter/Art)이 아

미술관의 입구

길모퉁이 입구

닐까 싶다. 제3제국 시기에 국가 사회주의 문화정책의 중심지 뮌헨은 대립적인 성격의 두 전시, 〈위대한 독일 예술전〉(1937년)과 〈퇴폐 예술전〉(1938년)을 열어 독일의 순수성을 강조하는 예술을 선전하고자 했다. 이 전시실에는 히틀러가 가장 총애했던 아돌프 지글러(Adolf Ziegler)의 삼면화와 요제프 토락(Josef Thorak)의 조각이, 나치에 의해서 추하고 퇴폐적인 저질 예술이라고 매도된 막스 베크만(Max Beckmann)의 삼면화와 오토 프로인트리히(Otto Freundlich)의 조각이 서로 마주하고 있다. 한 공간 안에 전시된 프랜시스 베이컨의 〈십자가 책형〉(1965년작)은 이 대립적인 예술에 대한 재판에 최종적인 선고를 내리는 듯싶다. 인간의 형태는 더 이상 이데올로기에 의해서 지배되어서는 안 된다는 것. '고통받는 모든 인간은 고기'라는 무서운 증언을 통해 일상에 잠재된 폭력에서 해방되어야 한다고 소리 없이 외치는 것은 아닐까?

피나코테크 시리즈의 마지막 편을 마치고 북측 잔디 공원으로 빠져나왔다. 입구 바로 앞에 크리스탈 박물관(Museum Reich der Kristalle, 1858년 개관)과 루트비히 막시밀리안 대학의 건물들이 서 있다. 이제 뮌헨시 미술관 통합 티켓으로 방문할 수 있는 마지막 미술관이자 최근에 개관한 브랜드호스트 미술관(Museum Brandhorst, 2009년 개관)으로 발걸음을 옮겼다.

막스 베크만의 삼면화와 오토 프로인트리히의 조각

스스럼없는 참여를 유도하는 속닥속닥의 공간,
브랜드호스트 미술관

알테 피나코테크의 본래 출입구인 동측면의 맞은편에는 이상하게 생긴 정육면체 벽돌건물이 잔디 공원 위에 덩그러니 놓여 있다. 알고 보니 이곳도 브랜드호스트 미술관의 일부다. 튀르켄토르(Turkentor)라고 불리는 이 전시실의 이름은 터키 관문이라는 뜻이다. 과거에 이곳은 왕립 바바리안 보병연대의 병영 건물이 현재의 튀르켄 거리를 따라 블록 전체를 차지하고 있었고, 터키인 전쟁 포로를 가두어둔 곳이어서 이런 이름을 따왔다고 한다. 2010년 문을 연 이 전시실을 잔디 공원의 반대편인 튀르켄 거리 쪽에서 바라보면 예전 건물의 정면이 고스란히 남아 있는 모습을 확인할 수 있다. 이 공간은 역사적인 유적으로서 브랜드호스트 미술관의 수집품이기도 하고, 미술관의 전시실이자 전시관이라고 할 수 있겠다. 월터 드 마리아(Walter de Maria)의 거대한 화강암 공이 전시된 이곳은 중심이자 주변 공간이며 정면이자 모서리 공간이랄 수 있는 애매모호함이 흥미로운 곳으로 느껴졌다.

튀르켄토르 바로 옆, 형형색색의 빛깔을 뿜내고 있는 건물이 바로 브랜드호스트 미술관이다. 미술관의 입구는 튀르켄 거리를 따라 북쪽으로 걷다 보면 잔디 공원이 끝나고 주거단지가 시작되는 예술지구의 북동쪽 모서리에 있다. 미술관은 기다란 사각형의 단순한 건물로, 서로 연결된 세 개의 볼륨으로 구성되어 있으며 가장 높은 머리 부분에 해당하는 볼륨이 바로 길모퉁이에 위치한 입구 쪽 공간이

01 튀르켄 거리에서 본
튀르켄토르 정면
02 튀르켄토르, 노이에
피나코테크, 알테
피나코테크,
브랜드호스트
미술관(왼쪽에서
오른쪽으로)
03 튀르켄 거리에서
본 브랜드호스트
미술관

다. 세 개의 볼륨 각각은 서로 다른 색깔과 색조의 마감으로 구별되어 있었다.[26] 이런 색상들이 어우러져 건물의 외관은 마치 조르주 쇠라의 점묘파 회화를 보는 것처럼 색색이 선명하고 화사하면서도 잇따라 움직이는 듯한 아른한 분위기를 연출한다.

브랜드호스트 미술관의 설계를 맡은 건축가 자우어부르흐 후톤 (Sauerbruch Hutton)은 시시각각 변화하는 점묘파 회화 같은 효과를 위해서 스물세 가지 색으로 칠한 3만 6,000개의 도기질 막대들을 여덟 그룹으로 분류하여 입면을 구성했으며, 그 아랫면에는 두 가지 색상으로 칠해진 수평 방향으로 접은 금속면을 깔아놓았다. 이렇게 여러 켜를 통해 다양한 색이 겹치면서 건물의 외피는 변화무쌍한 색깔로 인지되고, 가까이에서 봤을 때는 선명하고 입체적이었던 것이 멀리서는 동질적이고 평면적인 것으로 보이게 된다.[27] 건축가는 시선을 통한 공간의 열림과 닫힘의 변주를 다음과 같이 개념화하고 있다.

❝ 도기질 막대들이 시각적으로 하나의 입체 평면으로 합쳐지는 경사진 각도에서의 경관과 가로 줄무늬 배경을 이루는 바탕층이 전면적으로 드러나 보이는 정면에서의 경관 사이에, 물성과 구조에 관한 수많은 변주가 가능하다.[28] ❞

튀르켄 거리와 테레지엔 거리가 만나는 길모퉁이에 도달하면 두 개의 입구가 방문자를 맞는다. 하나는 회전문이고 또 하나는 도로변 경관녹지에 면한 카페 쪽 자동문이다. 두 문 모두 이곳이 미술관의 입구라는 생각이 들게끔 하지는 않는다. 회전문 쪽으로 들어설 때면 도심 한복판의 서점에 들어서는 느낌이 나는 한편, 카페 쪽으로 들어설 때는 그나마 미술관 간판도 없어서 영락없이 트렌디한 북카페 입구려니 생각하게 된다. 더욱이 입구 쪽 볼륨을 살짝 튀어나오게 하고 튀르켄 거리를 따라 배치된 전시동 뒤편의 잔디 마당 쪽으로 비스듬하게 꺾어서 디자인한 덕분에, 안쪽 골목이 궁금해지는 구도심 가로변 초입에 와 있는 느낌이 난다. 그렇게 편하고 기분 좋은 마음으로 가볍게 브랜드호스트 미술관에 들어섰다.

미술관 로비는 목재와 밝고 차분한 색상이 어우러져 깔끔한 분위기에 고창을 비롯한 넓은 창과 문이 마련되어 있어서 매우 밝고 개방감이 뛰어나다. 조명이나 안내 스크린 등이 높은 천장에 매달려 있고, 미술관 브로슈어나 전시 카탈로그를 비롯한 책자들이 벽면 전체에 컴팩트하게 구획된 서가에 배치되어 있어서 시선이나 동선이 막히거나 걸리적거리는 느낌 없이 훨씬 개방감 있고 여유 있게 느껴진다. 자, 이제 홀가분한 이 기분을 품고 전시실로 입장할 시간이다! 살짝 경사진 진입램프를 오르면 제일 먼저 마주치는 근사한 계단 옆 모퉁이에는 잠시 쉬어가라고 벤치가 놓여 있고 첫 번째 작품에 대한 설명이 준비되어 있다. 어떤 작품일까 궁금했는데, 바로 이 건물을 디자인한 자우어부르흐 후톤과 미술관 공간계획에 대한 설명이었다. 여지없이 또 한 번 큰 부러움이 몰려왔다. 건축가의 설계를 작품으로 이해하고, 수집하고, 공개하는 수준 높은 문화의식이 준공식에 건축가는 초대받지도 못하는 우리의 상황과는 달라도 너무 달랐기 때문이다.

미술관 내부에서 가장 눈에 띄는 것은 뭐니 뭐니 해도 떡갈나무

미술관의 입구

01 브랜드호스트 미술관 입구 홀 (튀르켄 거리 쪽)
02 브랜드호스트 미술관 입구 홀 (테레지엔 거리 쪽)
03 테레지엔 거리 쪽 입구에서 골목길처럼 이어지는 뒤편 잔디 마당
04 점묘파 회화를 연상시키는 브랜드호스트 미술관의 입면
05 뒤편 잔디 마당에서 바라본 테레지엔 거리 쪽 입구

길모퉁이 입구

로 마감한 근사한 계단이다. 넉넉하고 여유 있는 이 계단은 세 개 층 높이로 열린 미술관 내부의 안마당(patio)을 공중제비를 넘듯 가로지르며 2층과 지하층을 연결한다. 미술관에 들어설 때 본 서측의 잔디마당에서 쏟아져 들어오는 햇빛 덕분에 지하의 안마당은 밝고 깊이 있는 공간감이 느껴지는 미술관의 구심점으로 기능한다. 그래서 그런지 안마당에 면한 계단에 걸터앉아 선생님의 미술수업을 듣고 있는 아이들의 모습이 친근하게 다가온다. 친구들과 잡담하는 아이, 열심히 선생님 말씀을 경청하는 아이들이 모여서 미술관을 즐기는 모습이 우리네 사랑방의 이미지와 겹쳐지면서 또 한 번 부러운 대상이 되었다. 항상 무엇을 하지 말라고 강요하는 팻말과 규정으로 도배되어 있는 우리네 공공건물과는 다른 확연한 차이점을 감지했기 때문이다.

세 층을 연결하는 계단에 면해 세 층으로 열려 있는 안마당은 미디어와 그래픽 아트를 위한 일련의 전시실의 구심점 역할을 하고 있다. 한편, 지상층에는 일곱 개의 일반 전시실이 위치해 있는데, 각각 반사판과 고측창을 통해 빛을 천장에서 내부로 끌어들이도록 계획되었고, 가장 넓은 공간이 마련된 최상층은 전시실마다 연이은 톱라이트를 갖도록 디자인되었다. 결과적으로 모든 방이 저마다의 빛 환경과 높낮이의 변화를 갖는 개성 있는 분위기가 연출되었다.

북카페 같은 길모퉁이 입구를 들어와 그 자체로 전시실인 계단실 모퉁이를 거쳐서 사랑방 같은 안마당으로 이어지는 이 즐겁고 신나는 여행의 종착점은 바로 최상층의 사이 톰블리(Cy Twombly) 전시실이 아닐까 싶다. 전시실의 커다란 공간 전체가 열두 개의 캔버

미술관의 입구

스로 이루어진 〈레판토〉(2001년작) 연작으로 채워져 있다. 이 유명한 미국의 추상주의 화가를 두고 롤랑 바르트는 "그의 캔버스 안에서는 사건들이 일어나고 있으며, 그 사건들은 사실, 우연, 궁극적 목적, 놀라움, 행위라는 유형으로 이루어져 있다"고 평했다. 그렇다면 1571년 지중해의 패권을 놓고 일어난 신성동맹국과 오스만 제국 사이의 해상전투를 다룬 이 그림들에는 어떤 사건들이 일어나고 있는가?

과감한 색채들과 흘러내리는 물감들은 전사자들의 피일까? 아니면 불타오르는 전함의 모습일까? 갈 길을 잃은 듯 여기저기 부수어져 있는 선들은 선체의 파편일까 바다의 격랑일까? 명확하게 알수는 없지만 그 사건의 아픔과 전율을 체감할 수는 있었다. 침묵하기 때문에 더 처절하다고 해야 할까! 소리 없는 아우성과 절규가 들려오는 것만 같다.

알트도르퍼의 〈알렉산드로스 대왕의 이수스 전투〉가 역사적인 사건을 캔버스 위에 그린 것이라면 톰블리의 〈레판토〉 연작은 캔버스 위에서 사건이 일어나고 있다. 그래서 그의 작품은 연극이 일어나는 무대와 같은 공간이고 다양한 감상자의 참여를 유도하는 공간이리라. 길모퉁이 입구를 거쳐서 발견한 공간은 바로 사건의 공간이다. 스스럼없는 참여를 유도하는 속닥속닥의 공간이야말로 서정적 추상의 공간이며 따뜻한 대화가 시작되는 배움의 공간일 것이다.

01 건축가와 건축에
　 대한 설명이 준비된
　 전시실 입구 풍경
02 세 층을 연결하는
　 계단 아래로 보이는
　 안마당
03 브랜드호스트
　 미술관 배치도 및
　 입체도
04 브랜드호스트
　 단면도 및 단면
　 다이어그램

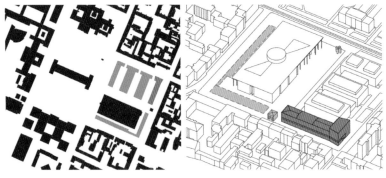

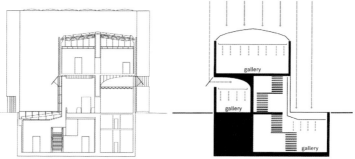

06

기억의 입구

베를린
유태박물관과
홀로코스트
메모리얼

오늘날 베를린은 유럽 도시 중에서 가장 많은 공사가 이루어지는 도시에 속할 것이다. 제2차 세계대전 이후 베를린은 동베를린과 서베를린이라는 두 개의 지역으로 분단되었으며, 20세기 후반을 거치는 동안 이 두 지역은 서로 다른 도시로 변화해왔다. 1989년 베를린 장벽이 무너지고 1990년 독일이 통일된 이후, 베를린은 통일된 독일의 수도로서 위상을 되찾고, 하나의 도시로 융합하기 위한 과제를 맞이하게 되었다. 현재 베를린에서 진행되는 많은 공사는 베를린의 통일과 함께 변화해가는 모습을 상징한다.

제2차 세계대전은 베를린의 분단과 통일을 불러와 오늘날 베를린의 모습이 변화해가는 원인이 되기도 했지만, 역사적으로 홀로코스트라는 거대한 비극을 남겼다. 독일의 정치 중심지이자 새로운 역사문화도시로 변화해가는 베를린에는 홀로코스트의 비극이 담긴 두 장소가 있다. 20세기 후반을 대표할 만한 두 건축가, 다니엘 리베스킨트(Daniel Libeskind)와 피터 아이젠만(Peter Eisenman)이 설

01 기존 유태박물관 옆쪽에 보이는 리베스킨트의 증축 부분
02 리베스킨트의 증축 부분 모형

계한 '유태박물관'(Jewish Museum, 2001년 개관)과 '홀로코스트 메모리얼'(Memorial to the Murdered Jews of Europe: Holocaust Memorial, 유대인 학살 추모 공원, 2005년 개관)이 바로 그곳이다.

유태박물관, 오래전의 비극에 들어서게 할 것인가

리베스킨트가 설계한 유태박물관은 제2차 세계대전이 발발하기 전부터 있던 박물관을 증축한 것으로, 본래의 목적은 베를린 유태인들의 기록과 문화를 보존하고 전시하기 위한 것이었다. 그러나 홀로코스트 사건이 일어난 이후 1990년대 지어진 리베스킨트의 유태박물관에서 홀로코스트라는 비극은 베를린 유태인들이 겪은 역사의 한 부분으로, 박물관 디자인의 중요한 주제로 다루어지고 있다. 아이젠만의 홀로코스트 메모리얼은 유럽에서 희생된 600만 명에 달하는 유태인의 죽음 그 자체를 추모하기 위한 공간인 만큼 홀로코스트라는 비극 자체가 이 장소의 중심 주제가 된다. 추모 공원 지하에는 당시 희생된 유태인들의 자료를 전시하고 비극을 알리는 전시관이 있다. 이 두 장소는 그 성격이나 목적이 서로 다르지만 공통적으로 홀로코스트라는 비극을 여기에 방문하는 사람들에게 전달한다. 비극이 끝난 지 60년이 넘게 지난 오늘날, 현대인에게 건축을 통해 과거의 비극적인 사건을 어떻게 경험하게 할 것인가? 이 두 장소를 설계한 건축가들이 마주한 질문이다.

먼저 리베스킨트의 유태박물관은 2001년에 개관했다. 원래 있던 유태박물관을 증축하고자 베를린 시는 1988년 현상설계공모를 개최하여 그 다음 해 다니엘 리베스킨트의 안을 당선안으로 선정했다. 이 안은 복잡한 지그재그의 형태나 사선으로 길게 뚫린 창과 같이 독특한 디자인으로 사람들의 이목을 집중시켰으며, 리베스킨트를 세계적으로 널리 알리게 된 계기가 되기도 했다.

독특한 외관만큼이나 이 박물관의 디자인은 여러 차원에서 상징적인 의미를 담고 있다. 리베스킨트는 이 디자인을 설명하면서 유태박물관이라는 공식적인 이름 외에 '선들 사이'(between the lines)라고 이름을 붙이고, "이 디자인은 두 개의 선의 조직과 관계에 대한 것이다. 직선이지만 많은 조각으로 부서진 선, 그리고 꺾여 있지만 무한히 계속되는 선"(1998)으로 이 제목을 설명했다. 일단 건물의 외관에서 건물의 벽을 이루는 지그재그 형태의 선과 이 선을 관통하는 직선이 보인다. 이 직선은 건물 내부에서만 나타날 뿐 바깥에서는 보이지 않는다. 하지만 리베스킨트가 설계한 과정을 살펴보면 선은 좀 더 풍부한 의미를 담는다.

먼저 지그재그의 형태는 역사 속에 기록된 베를린에 산 유태인들의 삶의 흔적을 선으로 연결한 것에서 출발했다. 리베스킨트는 베를린 시에서 과거 유태인들이 거주하고 일한 장소들을 찾아내고 이 장소들을 지도 위에 표시했다. 지도 위에서 이 장소들을 서로 연결하면 선들이 나타난다. 선들이 모여 새로운 그림을 만든다. 선들을 다양한 방식으로 긋다가 유태의 상징이 되는 다윗의 별을 발견하고 이 다윗의 별을 이용해 박물관의 형태를 만들어낸다. 박물관의 형태는 단지 선 모양일 뿐만 아니라, 이 선 모양은 베를린에 살았던 과거 유태인들의 삶의 흔적을 서로 연결하여 만들어진 선들에서 시작되었으며, 이 삶의 흔적들을 이 형태에 상징적으로 담았다는 의미를 갖는다.

외부의 형태가 과거 사건들을 상징적으로 담는 것에서 출발했다면 박물관에 들어서는 순간, 방문자는 실제로 이 선들을 경험하게 된다. 그런데, 흥미롭게도 리베스킨트가 설계한 증축동에는 별도의 입구가 없다. 그래서 이 공간으로 들어서기 위해서는 1933년에 지어진 기존의 유태박물관 입구를 통과해, 지하층으로 연결되는 동굴 같은 관문을 거쳐야 한다. 새로 증축된 공간이 과거와 동떨어진 무엇이 아니라, 오직 과거를 통과해야만 다다를 수 있다는 것을 웅변하고 있는 셈이다. 이렇게 기존 건물에서 증축된 건물로 들어오게 되면 긴 선형 복도가 나타난다. 선형 복도는 곧 긴 계단과 이어지며 이 계단은 새로 증축된 부분의 주요 전시 공간으로 접속된다. 과거에 지어진 건물과 전시 공간들을 연결하며 뻗어 오르는 이 긴 복도의 이름은 의미심장하게도 '연속의 축'이다. 마치 과거의 공간과 현재의 공간이 연속되어 있음을 의미하는 듯하다.

증축된 부분의 지하 공간에는 '연속의 축' 외에도 '추방의 축'과 '홀로코스트의 축'이라는 두 개의 선형 축이 더 있다. 이 선형의 축들은 베를린 유태인의 역사를 의미하는 것으로, 축선을 따라 이어지는 복도 끝에는 각각의 축이 상징하는 강렬한 공간들이 방문자들을 맞는다.

홀로코스트 축의 끝에는 '홀로코스트 보이드'(Holocaust void)가 있는데 20미터가 넘는 높이의 텅 빈 공간으로, 특별한 마감 없이 콘크리트가 그대로 노출되어 있는 황량한 곳이다. 높은 공간 상부의

01 사선이 만드는 외관의 모습
02 공간 구성을 설명하는 안내판
03 사선 형태의 창문과 기둥이 교차하는 내부 풍경
04 사선 형태의 창문이 안에서 보이는 모습
05 사선 형태가 내부 전시에 응용된 모습

미술관의 입구

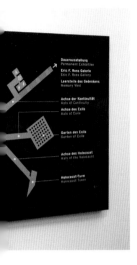

기억의 입구

미술관의 입구

	04
01	05
	03
02	

01 기존 박물관에서 증축 부분으로 가는 입구
02 기존 박물관에서 증축 부분으로 가는 계단
03 연속의 축 계단실
04 지하 1층 입구에서 세 개의 축이 교차하는 내부 풍경
05 추방의 축과 홀로코스트의 축이 만나는 공간

기억의 입구

희미한 빛이나 마감은 당시 유태인들이 느꼈던 절망과 비극이라는 감정을 이 공간에 들어선 사람들에게 전달하려 한다. 공간을 통해 그 전율의 감정을 다시 느끼게 하려는 것이다.

마찬가지로 '추방의 축' 끝에는 '추방의 정원'이 있다. 이 박물관 디자인은 전체적으로 사선이나 지그재그 형태의 선이 많이 보이지만, 이 정원만큼은 정사각형 형태에 49개의 기둥이 각각 7열씩 서 있는 형태로 이루어져 있어서 매우 반듯해 보인다. 하지만 이 정원에 실제 들어가면 바닥이 기울어져 있고, 이에 따라 기둥도 함께 기울어져 있어서 기둥들 안에 서 있을 때 현기증과 함께 불안감이 밀려온다.[29] 한편, 기둥 간격은 상당히 촘촘하고, 기둥 상부에는 올리브 나무들이 심어져 있어서 기둥들 사이에서 보이는 하늘은 아름답지만 그 모습을 충분히 드러내지 않는다.

유태박물관은 많은 선으로 채워져 있고, 그 선들은 베를린 유태인의 비극적인 역사인, 일상에서의 추방과 홀로코스트와 같은 거대한 아픔을 담아낸다. 바깥에서 보는 건물의 형태나 입구에 들어서면서 경험하는 공간들은 모두 의미를 품고 있는 흔적들에서 비롯된 것으로, 이 선들은 방문자들에게 일상에서는 느껴보지 못했을 강렬한 각인의 경험을 제공한다. 선이 만드는 복도 공간이나 복도의 끝에 도착했을 때 만나는 공간들은 유난히 좁거나 높고, 어둡거나 황량한 공간들이다. 도시의 일상에서부터 과거 어느 순간으로 이동하는 터널을 지남으로써, 우리 각자는 베를린 유태인들이 겪었던 역사의 무게를 짊어지고 건축가가 세심하게 만들어둔 트랙을 따라 걸으며, 역사 한복판의 자신을 대면하게 된다.

미술관의 입구

옛 건물과 연결된 부분 반대편에 있는 '메모리 보이드'(Memory Void)에는 이스라엘 태생 예술가가 만든 〈샬레헤트〉(Shalekhet, 낙엽, 1997-2001년작) 작품이 설치되어 있다. 이 작품은 공간 속에 들어선 순간 감각적 경험을 통해서 역사적 비극을 가장 강렬하게 만날 수 있게 하는 역할을 한다. 메모리 보이드 공간 바닥에 사람의 얼굴을 단순하게 표현한 철판 만여 개를 깔아두었다. 이 공간에 들어서면서 철판들을 밟을 때 철판들이 서로 부딪히며 나는 소리들은 20미터가 넘는 높이의 빈 공간을 가득 채운다. 콘크리트로 마감된 이 공간은 시각적으로도 어떤 따스함을 주지 않으며 소리들을 반사시켜 증폭시킨다. 단순하게 표현된 얼굴들은 비극적으로 사라져간 사람들을 대변하며 마치 그들의 고통이 공간을 가득 채우고 시각과 청각을 통해서 이 안에 들어선 사람들의 모든 관심을 사로잡게 된다. 이 작품은 박물관 완공 이후에 설치된 것이지만 이 박물관이 계속 보여주어 왔던 것, 내부에 들어섰을 때 건축가가 만들어낸 공간을 통해 온전히 역사적 비극을 다시금 체험하게 하는 것을 가장 극적으로 나타낸다.

한편, 홀로코스트 메모리얼은 유태박물관이 개관한 지 2년 후인 2003년, 브란덴부르크 문 근처 도심 한복판에 첫삽을 뜬 지 두 해가 지난 2005년에 제2차 세계대전 종전 60주년을 기념하며 그 온전한 모습을 드러냈다. 유태박물관이 베를린 유태인들의 역사를 관통한다면 홀로코스트 메모리얼은 당시 희생된 유태인들의 비극 그 자체에 초점을 맞추고 있다. 1980년대부터 추모 공간을 조성하려는 움직임이 있어왔으며 1994년과 1997년 두 번의 현상설계를 거쳐 피터

01	03	04
02		05

미술관의 입구

01 홀로코스트 보이드 내부
02 추방의 정원 기둥 사이
03 메모리 보이드 연결 부분
04 메모리 보이드 상부
05 메모리 보이드 하부의 〈샬레헤트〉

기억의 입구

아이젠만의 작품이 당선되었다.[30]

리베스킨트의 유태박물관이 지그재그의 독특한 건물 형태로 눈길을 사로잡았다면 아이젠만의 홀로코스트 메모리얼은 마치 거대한 묘지 공원을 연상하게 한다. 약 1만 9,000제곱미터의 땅에 2,711개의 콘크리트 기둥이 열을 지어 서 있는 모습은 그 자체가 하나의 장관이다. 학살된 유태인의 관을 연상시키는 어두운 색깔의 이 콘크리트 사각기둥은 약 폭 92센티미터에 길이는 2~3미터로 일정하며 기둥 간 간격 역시 한 사람이 통과할 정도인 약 90센티미터로 일정하게 유지되고 있어 전체적으로 매우 질서정연하다.

이 질서정연함을 깨는 것은 기둥의 높이다. 바깥쪽에 있는 기둥은 높이가 20센티미터밖에 되지 않아서 사람들이 걸터앉을 수 있을 만큼 낮지만, 중심을 향해 점점 높아지게 설계되어 안쪽에 있는 기둥은 5미터에 달한다. 그 때문에 광장을 방문한 사람들은 먼저 벤치 높이 정도의 낮은 단처럼 보이는 사각 기둥열에 걸터앉아 사람들을 기다리거나 누워서 일광욕을 즐기기도 하고, 높낮이가 다른 기둥에 짐을 올려놓는 등 나름의 방식으로 공간과 놀이(play)를 시작하는 한편, 점점 높아지는 사각 기둥열 사이는 기둥과 기둥을 뛰어넘으며 뛰노는 어린이들의 징검다리 놀이터가 되기도 하고, 휠체어나 자전거의 통행로가 되기도 한다. 그리고 콘크리트 사각기둥이 가장 높이 솟아오른 중심부에 들어서면 깊게 드리운 그림자로 인해 어둡고 깊은 골목 같은 분위기가 연출되면서 아이들이 술래잡기를 하거나, 연인이 키스를 하기도 하는 비밀스러운 공간이 펼쳐진다. 더욱이 기둥의 높이뿐만 아니라 기둥이 서 있는 바닥면 역시 높낮이가 서로 달라서 가장 낮은 곳은 바깥쪽보다 3미터가량이나 낮다. 따라서 기둥 열 사이사이에서 드러나는 여러 공간 켜들의 중첩된 모습을 멀리서 바라보면 콘크리트 기둥들의 지붕면과 바닥면이 서로 다른 파장을 갖고 움직이는 파도처럼 역동적인 움직임으로 느껴진다.

아이젠만은 바닥과 기둥의 지붕들이 만들어내는 두 개의 파장 사이의 공간을 불안정을 의미하는 공간으로 표현한다. 바닥면과 기둥의 지붕면이 만드는 각각의 표면은 규칙이 없다. 바닥면에 기둥들은 일정한 간격을 갖고 자리를 지키고 있지만, 이것들이 있는 바닥면은 기둥들과 만나는 점마다 서로 다른 경사를 갖고 기울어져 있기 때문에, 바닥면 위에 선 기둥들은 바닥면 기울기에 맞춰 저마다 다른 각도로 살짝 기울게 된다. 바닥면과 기둥의 지붕들이 만들어내는 두 개의 면 사이, 즉 기둥들 사이를 지나다니다 보면, 이 사이에 있는 사람들은 기둥들의 높이와 경사가 변화하면서 시시각각 다른 경험을 하게 된다. 낮은 기둥들이 있는 곳에서는 주변 도시의 풍경을 살피거나 기둥에 걸터앉거나 기둥 위를 건너 뛰어다니며 이 장소를 경험한다. 하지만 기둥이 높아지는 지점에서는 마치 리베스킨트의 추방의 정원에서와 같이 기둥들이 드리우는 그림자와 기둥들 사이로 보이는 좁아진 하늘이 이 공간에 들어선 방문객들을 압도하게 된다.

이 거대한 메모리얼에는 특별한 입구가 없다. 장소 전체가 길에 마주하고 있어서 어느 방향으로나 이곳에 들어올 수 있다. 그리고 들어온 이후에도 특별히 정해진 길이 있는 것이 아니다. 일정 크기의 콘크리트 기둥은 격자를 형성하고 있고 여기에 들어선 사람들은 어느 격자점에서나 방향을 틀 수 있다. 기둥의 격자마다 내리는 선

01	03
02	04

미술관의 입구

01 아이젠만의 메모리얼의 경계 부분
02 메모리얼의 굴곡진 바닥과 다양한 높이를 갖는 콘크리트 기둥들
03 사람 키보다 높고 약간 기울어진 콘크리트 기둥들
04 메모리얼 지하 공간으로 들어가는 계단 부분

기억의 입구

택에 따라 수없이 많은 길이 생겨나고 방문객들은 때로는 미로 속에 들어선 것처럼 길을 잃은 것과 같은 느낌을 받기도 하며, 때로는 기둥들이 다양한 높이와 각도가 만들어내는 뜻밖의 장면과 경험을 만나게 된다.

메모리얼 지하에는 홀로코스트 기념관이 있다. 홀로코스트 당시 희생된 사람들의 명단과 이들을 기리기 위한 실질적인 박물관 역할을 하는 곳이다. 기념관에 도달하기 위해서 이 추모 공원을 지나쳐야 하기 때문에 이 콘크리트 기둥들로 이루어진 공원 전체가 기념관으로 가기 위한 입구 역할을 하는 것처럼 보이기도 한다. 하지만 이 공원에 들어선 순간 기념관으로 가기 위한 특별한 길은 보이지 않는다. 격자들을 지나쳐서 걷다 보면 어느 순간 기념관으로 내려가는 계단들이 기둥들 사이에 위치하고 있다. 이는 리베스킨트의 유태 박물관에서 연속의 축, 홀로코스트의 축, 추방의 축과 같이 강력한 선형의 복도를 통해 전시관이나 상징적인 목적지로 이끈 것과 사뭇 다르다.

아이젠만은 이 공간에 대해 입구도 출구도 없는 공간, 중심이나 위계, 목적지가 없는 공간으로, 오히려 위계와 의도적인 움직임을 파괴한 공간으로 설명한다. 기둥들의 높이나 기울기에 따라 방문자들이 무엇을 경험할 것인가를 상상할 수 있지만, 방문자들이 어떻게 걸어 다니고 무엇을 하며 어떻게 느끼느냐는 방문자 개인의 선택에 따르게 된다. 이 메모리얼에 대해 아이젠만은 대상이 되는 사건이 너무나 큰 비극이기에 이를 담는 추모의 공간은 과거에 대한 향수나 지나가버린 것에 대한 기억을 되새기는 곳이 아니라 현재에도 그 사

미술관의 입구

건이 살아 숨쉬는 곳이어야 하며, 이를 위해서는 과거 사건을 설명하는 상징물 같은 장소가 아니라 사람들이 계속 생생한 경험을 만들어가야 하는 곳으로 보았다.³¹ 실제 이곳에 오면 역사적 사건의 비극에서 오는 무게와 달리 낮은 콘크리트 기둥에 걸터앉거나 누워 있는 사람, 기둥에 기대어 서서 쉬는 사람, 술래잡기를 하느라 기둥 사이를 뛰어다니는 어린이 등 우리 주변 일상 속에서 접할 수 있는 평범한 일들이 일어나고 있다.

리베스킨트의 유태박물관과 아이젠만의 홀로코스트 메모리얼은 홀로코스트라는 역사적 비극을 오늘날 방문자들에게 건축가가 만들어낸 공간의 경험을 통해서 전달한다. 이미지나 기록, 유물 등 박물관이나 기념관에 전시된 사물들을 통해 관람자들이 정보를 얻기도 하지만, 그 무엇보다 박물관이나 메모리얼의 건축 공간 자체에 서 있는 것만으로도 관람자들은 홀로코스트를 느끼고 생각하게 된다. 박물관이나 메모리얼의 외부에는 일상의 공간인 도시가 있다. 그리고 이 장소에 들어서는 순간 과거의 순간이 일상의 경험과 만나게 되는데 이 찰나에 대해 두 장소는 다른 방법을 보여준다.

리베스킨트 박물관의 경우에는 과거의 건물을 통과하여 지하로 내려가는 순간 바닥과 벽, 지붕이 만들어내는 3차원의 공간이 우리의 신체를 둘러싸고 만들어내는 경험, 공간의 크기와 높이, 공간을 채우는 빛과 소리에 온전히 집중하게 된다. 그리고 이것들이 만들어내는 비일상의 순간, 그 불편하면서도 엄숙함을 통해서 과거의 순간에 느꼈던 감정들을 조금이나마 상상하게 한다. 입구를 통과하는 순간 일상의 도시는 사라지는 것이다. 반면 아이젠만의 메모리얼에서는 일상의 경험과 기둥의 격자가 만들어내는 비일상적 경험들이 쉽게 공존한다. 특별한 입구도 없어서 일상과 비일상의 경계도 뚜렷하지 않다. 점차 걷다 보면 자연스럽게 기둥들이 만들어내는 깊은 미로 속으로 빠지기도 하고, 어느 순간에는 어린이들의 술래잡기를 대면하기도 한다.

홀로코스트는 20세기 역사의 가장 큰 비극 가운데 하나다. 하지만 이렇게 큰 비극이 아니라도 도시는 항상 크고 작은 사건으로 가득 차 있으며, 이런 사건들은 오늘날 그 도시가 어떤 도시인가를 말한다. 이런 사건들의 기억을 오늘날을 사는 사람들이 많이 간직할수록 그 도시는 풍요로워진다. 박물관은 현대인이 기억을 만날 수 있는 좋은 장소다. 박물관이 단지 기억을 담은 사물들의 보관소일 뿐만 아니라 그 자체가 기억을 담는 장소가 될 수 있다는 점을 이 두 장소가 보여준다.

미술관의 입구

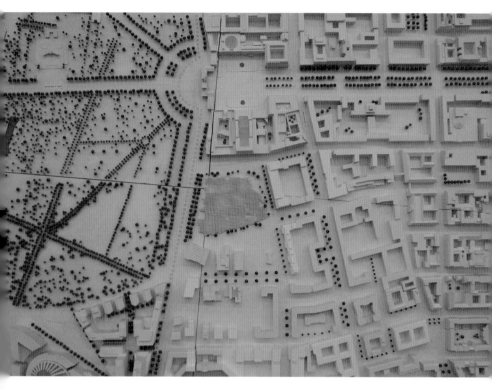

베를린 도시 모형 중 메모리얼 부분

07

섬의 입구,
섬 안의 입구

베를린
박물관 섬과
노이에 뮤지움

베를린 시내를 가로지르는 슈프레 강이 두 갈래로 갈라지는 지점에 작은 섬이 있다. 이 섬은 알테스 뮤지움(Altes Museum, 1830년 개관), 노이에 뮤지움(Neues Museum, 1855년 개관), 구 국립미술관(Alte Nationalgalerie, 1861년 개관), 페르가몬 박물관(Pergamonmuseum, 1910년 개관), 보데 미술관(BodeMuseum, 1904년 개관) 등 독일의 대표적인 박물관과 미술관이 밀집해 섬을 절반이나 차지하여 박물관 섬(Museumsinsel)으로 불린다.

이런 미술관과 박물관이 한자리에 모이게 된 게 우연은 아니다. 이 섬 중앙부에는 15세기 이래로 베를린 성이 있었으며, 이 성은 프로이센의 주요 정치 중심지 가운데 하나였다. 처음 이 지역에 들어선 미술관은 예술 아카데미 학생들에게 왕실 소유의 예술품을 공개하기 위한 목적으로 지어졌다. 하지만 곧 아카데미 학생뿐만 아니라 일반인에게 개방하여 베를린 초기 공공 미술관의 역할을 담당하게 된다. 그와 동시에 이 시기는 베를린뿐만 아니라 유럽의 주요 도

01 베를린 박물관 섬의 서측 경계부(보데 미술관과 페르가몬 박물관)
02 베를린 박물관 섬의 북측 경계부(보데 미술관)
03 베를린 박물관 섬 마스터플랜 계획도
04 베를린 박물관 섬의 동측 경계부(구 국립미술관과 열주랑, 멀리 베를린 돔이 보인다.)

미술관의 입구

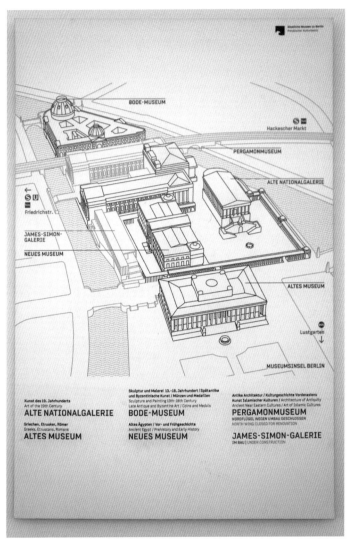

시가 전 세계에서 가져온 예술품들을 바탕으로 도시를 대표할 만한 박물관이나 미술관의 건립 또는 확장에 힘을 쏟던 시기였다. 프로이센 역시 국가의 성장과 함께 이에 필적할 만한 박물관이나 미술관을 마련할 필요성을 느끼게 되었고, 이 섬에 프로이센 왕들의 계획에 따라 박물관과 미술관이 차례로 지어지기 시작했다. 특히 박물관 섬 계획을 주도한 프리드리히 빌헬름 4세는 이 지역 전체를 "예술과 과학을 위한 성역"으로 만들고자 하는 계획을 세우기도 했다.

안과 밖이 겹치고 정치와 종교가 겹치는 알테스 뮤지움

1830년경 완공된 카를 프리드리히 싱켈(Karl Friedrich Schinkel)의 알테스 뮤지움은 오늘날 박물관 섬의 시작이다. 알테스 뮤지움은 당시 러스트가르텐(Lustgarten, 루스트 정원)을 사이에 두고 베를린 성 건너편 자리에 지어졌다. 러스트가르텐은 동쪽으로는 정치 공간인 베를린 성이, 북쪽으로는 대성당으로 종교 공간인 베를린 돔이 있는 곳으로, 상징적으로 베를린의 중심부와 같은 땅이었다. 러스트가르텐의 남쪽으로는 슈프레 강이 흘러서 서쪽만이 비워져 있던 상태였는데, 이 장소에 알테스 뮤지움이 들어선 것이다. 이후 알테스 뮤지움을 시작으로 그 뒤편으로 노이에 뮤지움이 자리 잡았고, 옆으로 정원을 끼고 구 국립미술관이, 그리고 섬의 끝 쪽으로 보데 미술관이 차례로 지어진다. 마지막으로는 오늘날 페르가몬 신전으로 유명한 페르가몬 박물관이 1930년대 완공되었다.

알테스 뮤지움에서 가장 유명한 장면은 바로 러스트가르텐에서

미술관의 입구

보는 것이다. 알테스 뮤지움은 그리스 신전을 연상시키는 신고전주의 양식으로 지어졌는데, 신전 지붕을 연상시키는 삼각형의 박공 형태 지붕이 없다. 러스트가르텐을 마주하는 전면 부분은 수직적인 기둥이 반복되고 있으며, 이 기둥이 수평의 보를 받치고 있어서 수직과 수평이라는 가장 단순한 형태가 두드러져 보인다.

이 기둥열은 러스트가르텐과 박물관의 경계이자 박물관의 입구를 만든다. 이 기둥들 덕분에 러스트가르텐에서 알테스 뮤지움으로 들어가는 과정은 양파와 같다. 러스트가르텐과 알테스 뮤지움 사이를 구분 짓는 첫 번째 관문은 일반적인 벽 대신에 일렬로 죽 늘어선 기둥이다. 계단을 올라 기둥 사이를 통과하면 여전히 바깥 공간이지만 기둥이 받치는 지붕 때문에 그늘이 져 있다. 그리고 이 기둥들을 지나야 박물관을 만들어주는 벽이 나타난다. 이 벽과 기둥들, 지붕이 작은 테라스 공간을 만든다. 이 박물관의 내부를 만드는 벽 중앙에는 거대한 개구부가 있고, 이 개구부에 아까 박물관의 경계를 만든 기둥이 다시 반복되어 나타난다. 개구부를 채우는 기둥 사이를 지나면 바로 2층으로 올라가는 거대한 계단이 나타나게 되고, 이 계단을 올라서게 되면 돔 지붕을 가진 원형 모양의 방에 도달하게 된다. 이 방이 박물관의 중심이다. 이렇게 러스트가르텐에서 박물관 중앙부에 도착할 때까지 하나의 벽을 통과해서 가는 것이 아니라 기둥열이 만들어내는 켜들을 하나씩 통과해 가게 된다.

이 과정에서 계단을 올라 2층에 이르러 잠깐 멈추고 돌아보면 기둥 사이로 러스트가르텐이 보인다. 박물관 전체의 중심과 러스트가르텐의 중심축이 서로 일치하는데, 2층에 도착하는 지점은 바로

01 알테스 뮤지움의 외부 기둥열
02 알테스 뮤지움 진입부의 내부 기둥열
03 싱켈의 알테스 뮤지움 전경

미술관의 입구

이 축 위에 있다. 이 지점에서 서서 지나온 곳을 돌아보면 정원과 기둥, 그리고 기둥과 벽 사이의 공간이 겹쳐져 한눈에 들어온다. 또한 다시 앞을 보면 그곳에는 박물관의 중심 공간으로 들어가는 입구가 있다. 외부 정원인 러스트가르텐과 박물관의 건물이 서로 겹쳐지는 순간이다. 박물관의 안과 박물관의 밖인 정원이 함께하며, 그와 동시에 이 정원이 단순한 정원이 아니라 베를린 성이라는 정치 공간과 베를린 돔이라는 종교 공간으로 에워싸인 도시의 공공 공간이라는 점은 이 공간에 더욱 중요한 의미를 부여한다.

알테스 뮤지움의 기둥열과 외부 공간의 관계는 이후 이 섬에 지어진 박물관 디자인에 중요한 아이디어가 되었다. 알테스 뮤지움이 포화되면서 알테스 뮤지움 뒤편으로 새로운 미술관이라는 의미의 노이에 뮤지움이 들어서게 되었다. 노이에 뮤지움을 설계한 건축가는 프리드리히 스튈러(Fridrich Stuler)로, 그는 노이에 뮤지움만이 아니라 박물관 섬 마스터플랜을 담당하기도 했는데, 여기서 주요 건축적 테마는 바로 "열주랑으로 경계를 이루고, 아름다운 나무들이 드리워진 공공 산책로 역할을 하는 중정"이었다. 알테스 뮤지움 이후에 지어진 노이에 뮤지움과 그 옆에 지어진 구 국립미술관 사이에는 스튈러가 말한 것처럼 열주 및 지붕으로 이루어진 산책 공간과 이 기둥들이 에워싼 외부 공간이 자리 잡고 있다. 이 공간은 전혀 다르게 보이는 노이에 뮤지움과 구 국립미술관이라는 별개의 두 건물을 서로 동떨어진 것이 아니라 서로 관계가 있는 것으로 만들어준다. 더 나아가 이 열주 공간과 외부 정원은 북쪽 슈프레 강까지 뻗어가고 있어서 두 건물뿐 아니라 강의 풍경까지 담는다. 열주로 만들어

01 구 국립미술관과 노이에 뮤지움 사이 공간에서 바라본 열주랑
02 국립미술관 진입부에서 바라본 노이에 뮤지움 앞의 열주랑
03 구 국립미술관 계단실 하부의 로비 공간을 관통해서 보이는 박물관 섬 동측 열주랑
04 노이에 뮤지움 앞 정원 부분을 에워싸는 열주랑
05 열주랑 내부의 노이에 뮤지움 입구

미술관의 입구

| 01 | 02 | |
| 04 | 05 | 03 |

진 공간이 러스트가르텐과 알테스 뮤지움을 서로 구분 지으면서도 연결하는 경계를 만든 것처럼 노이에 뮤지움과 구 국립미술관, 그리고 섬과 도시 사이를 만들고 있다.

노이에 뮤지움, 서로 다른 두 시간대가 공존하는

19세기 예술과 과학의 성역으로서 베를린의 문화 중심지로 자리 잡아가던 박물관 섬은 제2차 세계대전 당시 폭격을 통해 타격을 받았으며, 노이에 뮤지움 건물은 크게 훼손되었다. 전쟁 이후 베를린이 동서로 분단되면서 박물관 섬은 동베를린 지역에 속하게 되었으며, 동독 정부 하에서 베를린 성은 철거되고 그 자리에는 광장이 들어서게 된다. 분단 시기 서베를린 지역에서는 한스 샤룬의 베를린 필하모닉 홀과 미스 반 데어 로에의 베를린 신국립미술관(Neue Nationalgalerie, 1968년 개관)을 중심으로 박물관 섬을 대신할 새로운 문화예술 중심지로 문화포럼(Kultureforum)을 조성하고자 했다.

베를린이 통일된 이후 박물관 섬은 베를린의 문화 중심지로 다시 부각되기 시작했다. 1999년 이 섬은 유네스코 문화유산으로 등재되었으며, 베를린 시는 훼손된 부분을 복원할 뿐만 아니라 섬 주변 지역의 문화 자산들과 시너지 역할을 할 수 있도록 섬을 재정비하는 계획을 수립하기 시작했다. 같은 해 박물관 섬을 위한 마스터플랜을 수립했는데, 이 마스터플랜은 서로 독립적인 다섯 개의 미술관을 다듬기 위한 계획만이 아니라 이 섬 전체가 하나의 전체로 작동할 수 있도록 하는 의도를 담는다. 그래서 기존 미술관들에 추가로 데이비드 치퍼필드(David Chipperfield)가 설계한 제임스 사이먼 갤러리(James Simon-Galerie)가 계획되었는데 이 갤러리는 이 섬을 위한 입구 역할 및 방문자들을 위한 정보 센터 역할을 할 예정이다. 또한 기존 미술관 가운데 구 국립미술관을 제외한 모든 건물을 지하층에서 연결하는 고고학 산책로(Archaologische Promenade)가 계획되는 중이다.

동독 정부 당시 철거된 베를린 성 역시 훔볼트 포럼(Humboldt Forum, 2019년 완공 예정)이란 이름으로 과거 모습을 최대한 살리면서도 국제 예술의 전시, 연구, 교육을 위한 새로운 문화 예술 공간으로 탄생하기 위해 현재 공사가 한창이다. 강 건너 섬 바깥으로 그림 형제 센터(Jacob und Wilhelm Grimm Zentrum)라는 이름의 훔볼트 대학 중앙도서관이나 운터 덴 린덴 시립도서관(Staatsbiblilothek Unter den Linden)과도 종합적인 관계를 고려하여 박물관 섬의 위상을 재정립하고 있다.

박물관 섬 재건에서 가장 핵심이 된 것은 크게 훼손된 노이에 뮤지움의 복구 작업이었다. 노이에 뮤지움은 제2차 세계대전 당시 폭격을 맞아 거의 폐허에 가까운 상태였다. 1993년 노이에 뮤지움을 되살리기 위한 설계공모가 진행되었다. 당시 공모 목적을 보면 노이에 뮤지움의 복원뿐만 아니라 이 섬에 있는 문화유산들을 통합하기 위해 이 건축물들을 연결하는 것을 포함하고 있어서 1993년부터 이미 박물관 섬의 통합 계획을 염두에 두고 있었음이 엿보인다.

이 설계공모에서 이탈리아 건축가 조르조 그라씨(Giorgio Grassi)가 당선되었지만, 진행 과정에서 합의에 이르지 못하고 2등을 한 영국의 치퍼필드가 노이에 뮤지움 복원 프로젝트를 담당하게 되었다.

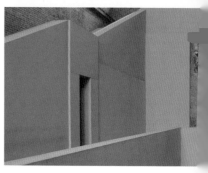

01 노이에 뮤지움의 남쪽 홀을 바라보는 창
02 노이에 뮤지움의 2층 계단 홀
03 노이에 뮤지움의 2층 계단 홀에서 1층 입구를 되돌아본 모습
04 노이에 뮤지움의 남쪽 홀
05 노이에 뮤지움의 남쪽 홀과 천창

미술관의 입구

프랭크 게리(Frank Gehry) 역시 이 공모전에 참가하여 4등을 한 바 있는데 이 공모전에 제출한 안에서도 게리가 다른 프로젝트들에서 줄곧 보여온 독특하고 역동적인 형태가 두드러졌다. 상대적으로 그라씨나 치퍼필드의 안은 19세기 후반에서 20세기 초반 박물관 섬이 자리 잡혀가던 시기에 보여준 고전적인 느낌을 살렸다.

현재 박물관 섬에서 노이에 뮤지움을 방문할 경우 열주랑 및 이들이 에워싼 중정 공간을 지나게 된다. 이 열주랑은 예전 19세기 박물관 섬을 처음 구상하던 당시 만들어진 것이다. 치퍼필드는 열주랑을 복원하면서 폭격으로 훼손된 부재를 새로운 부재로 교체하는 것 외에 거의 손을 대지 않아 원래 열주랑이 지닌 느낌을 최대한 살리고 있다. 다만 원래 기둥은 도리아식 오더와 흡사한 그리스 기둥 모양이었다면 치퍼필드가 새로 교체한 기둥 일부는 기둥과 주두로 구성된 그리스 기둥의 형식은 따르되 플루팅 등 장식은 최대한 없애고 사각형의 현대적인 모습으로 재탄생했다. 원래 기둥과 새로 교체된 기둥들이 전체적으로는 유사한 모습을 갖되 세부적으로 다른 모습을 보여준다. 전체적인 이 장소의 분위기는 과거와 크게 다르지 않되, 무조건적인 과거의 재현이 아니라 과거와 현재가 함께 하는 시간의 흐름을 담아준다.

노이에 뮤지움에서 가장 인상 깊은 공간 가운데 하나는 중앙의 계단 홀이다. 치퍼필드는 원래 스튈러가 설계한 방식대로 2층으로 올라가는 계단을 살렸다. 원래 이 계단 홀은 홀의 벽체 및 계단참뿐 아니라 지붕의 트러스까지 벽화와 조각, 장식으로 가득 차 있어서 매우 화려한 공간이었다. 하지만 이 공간을 복원하면서 계단의 형태는 그대로 남기되 이 공간을 채우던 마감과 장식은 다 제거했다. 마감이 뜯어져 거친 표면이 노출된 상태의 갈색조의 벽체와, 재료의 성격을 최대한 드러내지 않고 회색의 매끄러운 마감으로 처리한 계단부가 서로 대비되면서 이 계단 홀을 채우고 있다. 낡은 벽체와 간결한 계단의 대비는 과거 모습 그대로의 복원이 아니라 서로 다른 두 시간대가 공존하고 있다는 메시지를 전달한다. 외부의 열주랑 공간이나 이 중앙의 계단 홀에서 모두 건축물과 공간을 이루는 부재의 골격은 그대로 유지하되 장식이나 재료의 표면적 성격을 간략하게 표현해 새로운 시간대가 삽입되었음을 계속 전달하고 있다.

노이에 뮤지움에서는 두 개의 홀이 박물관 전체 평면의 중심 역할을 한다. 두 홀은 중앙의 계단 홀을 중심으로 대칭적으로 배치되어 있다. 이 홀들은 단면상에서 전 층을 관통하여 개방되어 있으며, 상층부에서 강하게 빛이 들어오고 있다. 남쪽에 있는 홀은 벽체로 둘러싸여 있으며 이 벽체에는 창이나 둥근 발코니가 홀 쪽으로 나 있다. 이런 창이나 발코니는 마치 이 홀이 외부 공간이어서 집에서 외부 공간을 내려다보는 듯한 느낌을 준다. 창이나 발코니, 그리고 상부에서 들어오는 밝은 빛은 마치 이 공간이 벽체 뒤의 다른 공간들과 상대적으로 외부 공간인 것처럼 보이게 한다.

한편, 또 다른 홀은 벽체가 아니라 기둥으로 둘러싸여 있다. 이 공간은 폭격으로 원래 모습이 거의 사라져서 새로 계획되었는데, 현재 이집트 예술을 전시하는 이집트 코트야드 부분이 그곳이다. 이 공간의 원래 모습은 이미지로 남아 있는데 이집트 회화 이미지가 장식된 다소 두꺼운 기둥으로 이루어진 열주랑이 이 홀 공간을 채우고

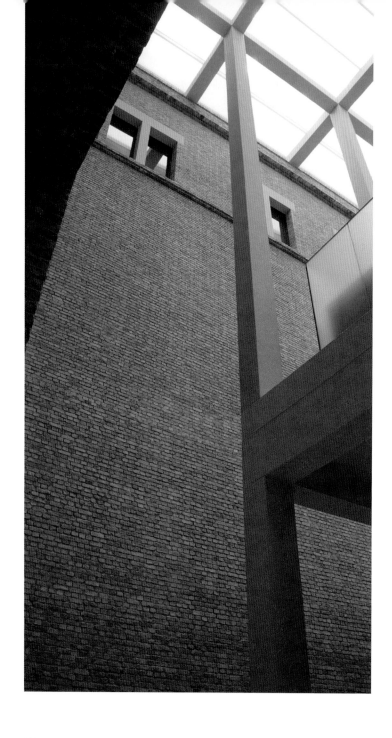

미술관의 입구

01	02
	03
	04

01 노이에 뮤지움의 이집트 코트야드 상부 천창
02 이집트 코트야드에서 남쪽 홀로 연결되는 통로
03 노이에 뮤지움의 이집트 코트야드
04 노이에 뮤지움의 이집트 코트야드 상부층에서 내려다본 풍경

있었다. 이 공간 역시 앞서 말한 홀처럼 상층부가 개방되어 있고 홀의 높이가 전 층을 아우르고 있어 다른 공간들에 비해 밝고 트여 있다. 치퍼필드는 이 공간을 복원하는 과정에서 열주랑이 한정하는 공간이라는 디자인 요소를 유지하면서도 열주랑을 만드는 기둥은 그 형태와 장식을 가장 단순한 방향으로 간결하게 만들고 기둥 크기를 축소하여 공간 전체를 이집트 장식으로 가득 찬 방에서 가볍고 현대적인 공간으로 바꾸었다. 하지만 기둥열을 중심으로 구분되는 두 장소가 완벽하게 구분되는 것이 아니라 한 공간 내에서 계속 함께 경험 가능한 경계의 속성은 치퍼필드가 새로 만들어낸 이 이집트 코트야드에서도 나타난다.

독립된 건물들과 각각의 건물들 사이를 매개하는 열주랑, 그리고 연이은 열주랑들이 만들어내는 구획된 외부 공간으로 연결된 박물관 섬 전체의 모습과 마찬가지로, 노이에 뮤지움에서 이 두 개의 홀은 현재 실내 공간이지만 주변의 다른 공간들에 비해 비교적 외부 공간 같다는 인상을 주며, 박물관 내의 여러 실(室)을 서로 연결하는 역할을 한다. 마치 노이에 뮤지움이 박물관 섬이라면, 이 홀들은 박물관 섬에 있는 마당같이 보이는 것이다. 섬 안에서 마당들이 여러 건물 사이에 있으면서 건물들을 연결하는 열주랑을 갖고 있듯이 박물관 안에서 이 홀들은 여러 실이나 부분들 사이에 있으면서 연결하는 역할을 한다고 볼 수 있지 않을까. 치퍼필드는 이 공간을 복원해내면서 열주랑으로 한정된 공간의 성격은 살리면서 열주랑 자체의 느낌은 훨씬 가볍게, 기둥 자체의 존재감은 훨씬 부드럽게 약화시켰다.

치퍼필드는 노이에 뮤지움뿐만 아니라 노이에 뮤지움과 슈프레 강 사이에 박물관 섬 전체의 입구 건물 역할을 할 제임스 사이먼 갤러리 설계까지 함께 했다. 아직 지어지지 않은 건물이라 현재 이미지만 볼 수 있지만 이 갤러리의 입면은 마치 현대적인 열주랑처럼 보인다. 박물관 섬에 오늘날 남아 있는 가장 오래된 건물인 알테스 뮤지움의 열주랑과 비교하면 기둥은 훨씬 가늘고 길어졌으며, 기둥 사이의 간격은 좁아졌다. 또한 기둥의 형태는 알테스 뮤지움의 그리스 기둥에 있는 풍부한 장식과 달리 간결하며, 수직적인 기둥과 수평 부재인 보 사이의 구별도 없기 때문에 실제 모양은 알테스 뮤지움의 열주랑과 공통점이 없어 보인다. 하지만, 러스크가르텐에서 알테스 뮤지움 내부까지 들어가는 과정에서 각 공간 간의 단절 없이, 앞으로 나타날 공간과 뒤에 남겨둔 공간이 항상 교차했듯이, 새로 등장할 제임스 사이먼 갤러리 역시 바깥 공간과 내부 공간의 단절 없는 연속적인 전이의 공간 개념이 적용되었음은 분명해 보인다.

강을 건너면서 박물관 입구를 지나기 시작한다

슈프레 강 남쪽에서 보면 보데 미술관, 페르가몬 박물관과 새로 생길 제임스 사이먼 갤러리가 강을 따라 일렬로 늘어서 있다. 페르가몬 박물관의 경우 건물 전면의 열주랑이 강을 향하고 있으며, 페르가몬 박물관의 열주랑이 끝난 지점 이후 새로운 갤러리의 열주랑이 시작된다. 이 두 건물의 열주랑은 알테스 뮤지움과 마찬가지로 서로 그 스케일과 형태, 장식에서 차이를 보이지만 기둥들과 그 사이의 빈 공간, 그 너머의 공간들이 서로 교차하면서 공통된 감각을 드러낸다. 이와 같은 감각은 두 개의 서로 다른 시간대가 같은 형식과 다른 디자인 속에서 공존하고 있다는 느낌을 주는데, 이는 노이에 갤러리의 열주랑 디자인, 계단 홀, 이집트 코트야드 등에서도 유사하게 나타난 바 있다.

박물관 섬은 19세기에 베를린의 문화 거점이자 "예술과 과학을 위한 성역"을 내세웠을 때부터 서로 다른 건물들의 집합이지만 동시에 하나의 장소였다. 따라서, 이곳에 있는 박물관이나 미술관의 입구는 건물의 벽을 통과하는 순간 마주하게 되는 것이라기보다는, 섬을 향해 강을 건널 때부터 이미 입구를 지나 서로 다른 영역에 들어서기 시작하는 것이다. 그래서 강을 건너 건축물 사이에 있는 외부 공간들을 지나고, 건물에 도착하는 모든 과정이 입구와 조우하고 경계를 지나는 순간이 된다. 건물의 입면을 만들거나 외부 공간들 가운데 독립적으로 서 있는 열주랑은 건물 사이의 외부 공간들에 질서를 부여하여 어느 정도 통일감을 주는 역할을 한다. 또한 이 입구를 들어서는 사람들에게 미술관 입구 과정들을 단계별로 구분하면서도 동시에 각 단계를 한꺼번에 경험하게 해주는 역할을 한다.

박물관 섬은 프러시아 왕이 이 지역을 구상했을 때부터 여러 미술관과 박물관들이 함께 있을 때 주는 시너지 효과를 가정하였으며, 섬이라는 자연적 요건과 당시 베를린 성이라는 사회입지적 여건이 이 섬이 문화중심지로 자리 잡을 수 있도록 했다. 여러 건물들이 모여 있을 때 이 건물들 사이를 어떻게 관계 맺게 할 것인가, 그리고 이 지역이 도시와 어떻게 관계를 맺게 할 것인가에 따라서 해당 지역이 갖는 잠재성은 조금씩 달라질 수 있다. 베를린 박물관 섬은 각

01

02

03

01
치퍼필드가 계획한 제임스
사이먼 갤러리 이미지
02
치퍼필드가 계획한 제임스
사이먼 갤러리 모형
03
현재 공사 중인 제임스 사이먼
갤러리

건물들뿐만 아니라 건물들 사이가 살아 있으며, 동시에 시간들의 흐름도 함께 담겨있다. 지상의 열주랑과 지하의 고고학 산책로와 같은 연결의 공간을 통해서, 19세기에 만들었던 건물들의 '사이'를 현재의 감각으로 재해석해내고, 두 개의 시간대 간의 공존을 재창조해냈기 때문이다.

미술관의 입구

08

관통하는 입구

에센 졸버레인
광산공업지대와
루르 박물관

"아버지, 내 약속 잘 지켰지예, 이만하면 내 잘살았지예, 근데 내 진짜 힘들었거든예."

1000만이 넘는 관객을 끌며 흥행한 윤제균 감독의 영화 〈국제시장〉에서 배우 황정민이 분한 주인공 덕수는 이런 명대사를 남겼다. 이런 대사와 함께 많은 관람객에게 가장 많이 기억되는 장면 가운데 하나는 덕수가 한국 정부가 맺은 파독 광부 협정(1963~1977)을 계기로 독일 광산으로 파견되어 가스누출 사고를 겪으며 배우 김윤진이 분한 영자를 만나게 되는 장면이 아닐까 싶다.

영화의 배경이자 우리에겐 1960년대부터 한국의 고속 경제성장을 일컫는 말이 된 '한강의 기적' 또한 바로 이곳, 제2차 세계대전 이후 수십 년에 걸친 서독의 경제발전을 상징하는 '라인 강의 기적'(경제 기적, Wirtschaftswunder)을 이룬 루르 공업지역에서 유래되었다.

라인 강을 끼고 있는 독일 서부의 노르트라인베스트팔렌 주에서도 루르 공업지역 일대가 바로 라인 강의 기적에 가장 큰 역할을 하던 지역인데, 대표적인 도시로 뒤스부르크, 에센, 쾰른과 도르트문트를 꼽는다. 이들 도시는 1990년대까지만 해도 철강이나 탄광 같은 광업을 중심으로 독일의 괄목할 만한 경제성장을 이끌었지만, 오늘날에는 엔지니어링, 미디어, 문화, 예술 등 다양한 경제 활동의 중심지로 산업구조를 탈바꿈하면서 도시의 성장세를 성공적으로 이어가고 있다. 물론 이런 변화가 있기까지 급변하는 시대에 뒤처지면서 경제적, 사회적 가치를 점점 잃어가는 동시에 낡고 삭막하게 변해버린 폐광이나 폐공장 같은 근대의 산업시설은 시민 모두에게 풀어야할 숙제이자 골칫거리가 아닐 수 없었다.

　　루르 지방의 호황기를 거치며 세계적인 명성을 얻은 탄광산업단지 역시 이런 빠른 산업 변화의 흐름을 피해갈 수 없었다. 거대한 탄광산업단지들이 하나둘씩 문을 닫으면서 루르 지역뿐만이 아니라 독일 국가 경제에 심각한 위기 상황을 초래했고, 지역 주민들조차 접근할 수 없는 황폐하기 그지없는 산업 흉물로 퇴락되며 지역 전체가 몸살을 앓게 되었다. 그런데 노르트라인베스트팔렌 주는 이렇게 도시의 흉물로 변해가던 공업지대를 대규모 재개발로 변모시키기보다는 더욱 적극적으로 보존하고 재활용한다는 야심찬 결정을 내렸다. 이후 루르 지방의 지자체(17개의 산업 지역)들은 제1차 지역재생정책인 '엠셔 프로젝트'(IBA Emscher Park)와 제2차 지역재생 정책인 '루르 산업문화 루트 연합'[32]과 같은 도시재생 프로젝트들을 추진하면서 역사, 지역문화 등의 문화재 보존과 개선에 기초를 두며 계획적으로 보존된 도시의 장소성 회복을 통해 도시에 새로운 생명력을 불어넣게 되었다. 행정 당국은 시민에게 삶의 질 향상을, 전문가(디자

졸버레인 광산공업지대의 랜드마크, 권양탑

이너, 예술가, 학생, 과학자 등)에게 매우 유니크한 작업장을 제공함으로써 도시의 새로운 보금자리에서 새로운 가치들이 재생산되도록 유도했다. 일련의 혁신적인 계획에 힘입어 이 지역은 오늘날 유적 보존의 성공 사례로뿐만 아니라 유럽의 선진 문화도시로 자리 잡으며 제2의 라인 강의 기적을 일으키고 있다.

졸버레인 탄광, 석탄 대신 문화를 생산하다

이처럼 다양한 분야의 전문가와 시민 그리고 행정 당국의 창의적인 협업과 성공적인 정책적 지원이 결합되어 이 지역의 도시들은 성공적으로 변화되어가고 있다. 그 가운데 2010년 유럽 문화 수도[33]로 선정된 바 있는 노르트라인베스트팔렌의 대표적 문화도시 에센을 찾았다. 이 도시에는 '가장 현대적이며 아름다운 탄광'으로 불리는 졸버레인 광산의 루르 박물관(Ruhr Museum, 2010년 개관)이 있다.

　1851년 석탄 채굴을 시작해서 지난 135년간 쉬지 않고 제 역할을 해낸 졸버레인 광산공업지대는 지난 시대 라인 강의 기적의 중심에 있었다. 유럽 최대의 석탄 채굴과 코크스 생산을 자랑하던 졸버레인 광산이 대중에게까지 큰 관심과 사랑을 받게 된 터닝포인트는 아마도 1932년에 증축된 12번 수직갱도(Shaft XII)가 만들어질 때가 아닐까 싶다. 기술과 미적인 형태가 조화를 이루는 이 권양탑은 근대건축의 거장 미스 반 데어 로에의 제자들인 프리츠 슈프(Fritz Schupp)와 마틴 크레머(Martin Kremmer)가 설계했는데, '미래의 새로운 건축'을 제시한 바우하우스(Bauhaus)의 근대 미학[34]을 성공적으로 반영함으로써 세간의 주목을 받게 된 것이다. 하지만 혁신적인 기술과 미학적인 건축물을 바탕으로 유럽에서 가장 크고 현대적인 탄광이라는 명성이 자자했던 이곳도 1970년대의 확장기와 절정기를 정점으로, 석탄·철광산업의 쇠퇴와 함께 내리막길을 걷기 시작했으며 결국 1986년에 문을 닫고 말았다. 한때 수많은 일자리를 창출해내며 기존 탄광의 네 배에 달하는 생산량인 일일 1만 2,000톤의 '검은 황금'을 생산하던 이곳이 누구도 접근하기를 꺼리는 도시의 흉물로 변하기 시작한 것이다.

개인적으로 이 졸버레인 광산공업지대 프로젝트에 관심이 생긴 계기는 네덜란드 유학 시절에 접한 건축가 렘 콜하스의 'Three in One'이라는 강연이었다.[35] 졸버레인 프로젝트의 마스터플랜을 담당한 렘 콜하스는 플로리스 알커마더(Floris Alkemade)와 10여 년 동안 진행해온 졸버레인 광산공업지대의 마스터플랜(Zollverein Masterplan, 2001~2010)에 대해 강연에서 직접 언급하거나 프레젠테이션을 하지는 않았다. 하지만 이 프로젝트가 종료된 이듬해에 있던 강연이라서 'OMA의 건축', '보존의 확대', '건축과 민주주의'라는 세 가지 주제를 가지고 전 세계적으로 확대되어가는 보존 및 문화 사업의 현황과 이로 인해 변모하는 사회 구조와 공간의 형태, 건축과 도시, 그리고 건축가와 예술가의 사회적 역할에 대해 이야기했다. 그에게도 생각의 전환점이 되었을 졸버레인 광산공업지대의 참 모습이 차츰 궁금해지기 시작했다.

이제까지 OMA/AMO의 강연들이 그래왔듯이, 특유의 건축적 분석과 논리를 통해서 정치적, 사회적, 경제적 이슈들을 건축적 사

01 졸버레인 광산공업지대의 마스터플랜 모형
02 루르 박물관 입구로 관통하고 있는
   에스컬레이터
03 루르 박물관의 입구 에스컬레이터 옆 계단
04 루르 박물관의 프로그램들을 이어주는
   내부 계단

고와 디자인 접근 방법으로 연결시키는 가운데, 콜하스는 자본주의가 야기한 사회적, 건축적 현상과 전 세계에서 산발적으로 일어나는 보존사업 사이의 밀접한 연관성을 강조하면서 역사와 문화를 마케팅 차원에서 강조하는 상업주의적 접근 방식에 직면할 때 전문가로서의 순수성과 중립성을 가지고 여러 이해관계를 어떻게 조율해갈 것인가, 라는 화두를 던졌다.

곧이어 끊임없는 질문이 떠오르기 시작했다. 과연 그가 계획한 졸버레인 광산공업지대 마스터플랜에서는 보존이라는 주제에 어떤 형태와 방법으로 접근했을까? 그가 말하는 '건축/역사'에 대한 순수성과 중립성은 어떻게 지켜졌을까? 그리고 졸버레인에는 어떤 프로그램의 '질서/조합'으로 사회적 조율을 성취하고 있을까? 이렇게 꼬리를 무는 궁금증을 한 아름 안고서 지난 10여 년간 OMA/AMO와 함께 진화해온 졸버레인 광산공업지대를 향해서 에센행 기차에 올랐다.

2010년 유럽 문화 수도로, 2017년 유럽 녹색 수도로 선정된[36] 독일의 떠오르는 문화도시 에센에 도착했다. 에센 역에 도착하자마자 다양한 문화이벤트 배너와 전시 팸플릿이 눈길을 끈다. 독일 최대 공업지대인 루르 지역의 생산 거점이던 도시가 보존과 녹색이라는 키워드를 매개로 문화 거점 도시로 탈바꿈했다는 사실이 실감 나기 시작했다. 시가지를 남북으로 가로지르는 철도 때문에 에센역을 중심으로 남북이 나뉘는 가운데, 북쪽에는 '에센의 보석'이라고 불리는 〈황금 마돈나상〉(약 980년작)으로 유명한 에센 대성당(Essen Dom)이 오랜 역사를 불 밝히고 있다. 남쪽에는 영국의 세계적인 건

미술관의 입구

축가 데이비드 치퍼필드가 증축 설계를 맡아, '사람들의 홀'이라는
의미를 갖는 이름에 걸맞게 투명한 유리 중정 안팎의 푸른 정원을
배경으로 사람들의 움직임과 예술품 사이의 공간을 아름답게 구축
해낸 '폴크방 미술관'(Museum Folkwang, 1902년 개관, 2010년 증축)이 새
로운 문화도시로서의 비전을 밝히고 있다.

　　이렇게 색다른 문화도시로 진화하기까지 에센의 산업과 문화에
서 차지하는 졸버레인 광산공업지대의 역할과 의미는 대단하다. 아
마 600년 역사의 쾰른 대성당(Der Koln Dom)이 라인 강 주변을 대표
하던 고전적 랜드마크라면, 졸버레인 광산은 오늘날의 라인 강 유역
을 대표하는 문화 아이콘이자 랜드마크라고 말해도 과언이 아닐 것
이다. 탄광시설이 유네스코 세계문화유산에 등재되었다는 사실 자
체가 이를 증명한다. 유네스코세계문화유산 위원회는 이 장소가 매
우 드물게 근대건축이 추구한 디자인 정신을 실현한 산업시대를 대
표하는 모뉴멘트라고 평가했다고 한다. 단순한 유산이 아니라 시대
를 대표하는 문화적·사회적 가치와 정신이 깃들어 있다는 이야기
다. 이와 관련해서 졸버레인 광산이 오늘날의 도시 공간에서 차지하
는 의미에 대해 김정후 박사의 말에 귀 기울여보자.

❝　　그곳의 기능이 탄광이었다는 사실은 그다지 중요한 것이 아니라
는 말이다. 결과적으로 졸버레인 탄광의 유네스코 세계문화유산 등재는
이곳이 더 많은 사람들의 관심 속에서 과거와 미래의 가치를 동시에 추
구할 수 있는 당위성을 부여받았고, 이를 토대로 실질적인 도시 재생 작
업을 실행에 옮길 수 있는 굳건한 원동력을 확보한 셈이다. 도시에서 재

조명이라는 단어가 그야말로 기막히게 맞아떨어진 것이다.[37] 🎵🎵

석탄 대신 문화를 생산한다는 발상의 전환이야말로 새로운 것이며, 물리적인 것을 넘어서 협업을 통해 만들어낸 새로운 형태의 운영과 조직 그리고 일관된 비전이야말로 가치 있는 것이라는 사실. 이것이야말로 우리가 이곳에서 경험하고 배울 수 있는 본질이 아닐까? 이런 생각을 품고 에센 중앙역에서 겔젠키르헨행 트램에 올라탔다. 에센 시가지는 물론이고 졸버레인으로 향하는 길에서도 내내 권양탑을 아이콘화한 안내판들과 함께 유럽 산업유산 루트를 알리는 안내판들을 마주하게 된다. 졸버레인의 존재감을 쉴 새 없이 느끼며 점점 더 그곳으로 향해갔다.

졸버레인 광산공업지대 트램역에 내리니 붉고 강렬한 모습의 권양탑이 윗부분을 살짝 드러내며 방문객을 맞이한다. 한때 유럽에서 가장 바빴을 마을은 여느 폐광산 마을처럼 매우 한산하다 못해 적막감마저 맴도는 분위기지만, 국내의 폐광산 마을과 달리 광산지대라면 쉽게 찾을 수 있는 산이 보이지 않는다는 점에 묘한 느낌이 들었다. 우뚝 솟은 붉은 권양탑의 안내에 따라 발걸음을 옮기다 보면, 묘한 느낌 위에 설렘이 쌓여간다. 역 플랫폼을 따라 조금 걷다 보니 졸버레인 광산공업단지의 관문이 보이고, 그 너머로 어마어마한 매스감의 붉은 벽돌 건물과 함께 푸른 하늘을 찌를 듯한 철골 구조의 권양탑이 그 모습을 숨김없이 뽐내고 있다. 높이 55미터에 지름 6.5미터의 이중 트러스트 구조의 권양탑을 한참 광산 입구에서 바라보고 있자니 왜 사람들이 '루르의 에펠탑'[38]이라고 일컫는지 공감할 수밖에 없었다. 아울러 군더더기 없는 디자인이 근대 건축의 역사와 중첩되면서, 새삼스럽게도 미국의 근대건축 거장 루이스 설리반(Louis Sullivan)의 유명한 경구 "형태는 기능을 따른다"라는 말이 뇌리에 각인된 채 입구로 들어섰다.

앞서 언급했듯이 졸버레인 광산공업지대는 2001년, 폐광된 지 불과 15년 만에 '역사성, 관리와 보호, 보존과 진정성'을 인정받아 유네스코 세계문화유산으로 지정되었으며,[39] 현재는 유럽 산업유산 루트의 거점 지역으로서 폐탄광이 아닌 초대형 문화산업 생산로(Path)의 중심 거점으로 단단히 한몫하고 있다. 단지로 들어서면, 총 85개의 크고 작은 건물들이 보존되어 마치 작은 도시처럼 군집해 있는 졸버레인 광산 시설군들이 만들어내는 독특한 풍경을 배경으로 문화, 역사, 예술, 자연으로 향하는 여로가 펼쳐진다. 밖과는 달리 적막감보다는 평온함이라는 단어가 어울리는 공간을 배경으로 무엇과 마주칠지 기대감이 자라난다.

단지 계획을 총괄한 렘 콜하스는 졸버레인 재단의 의뢰와 유네스코의 보존 및 개발 원칙에 상응하는 마스터플랜을 계획하기 위해서 우선 전체 공간을 보존과 철거 그리고 새롭게 조성될 장소로 나눈 뒤 세밀한 건축적 기준과 함께 시설군들 사이의 새로운 질서와 공간의 원칙을 규정하여 샤프트12, 샤프트 1/2/8, 코크스 공장 등 세 영역으로 구성된 마스터플랜을 완성했다. 건축화된 공간을 만들었다기보다는 길을 만들고, 길을 통해 영역을 나눠 다양한 선택적 행위를 유도하고, 보존된 공간과 방문자들이 대화하고, 새로운 시각으로 풍경을 바라보는 방식을 디자인했다고 보인다. 모뉴멘트

01 24미터 - '현재' 전시장
02 12미터 - '기억' 전시장
03 17미터 - '현재' 전시장
04 전시관 중간중간에 배치된 산업유산
05 전시관 중간중간에 배치된 산업유산

미술관의 입구

(monument)보다 작고 오브젝트(object)보다 큰 공간이랄까? 과대포장한 건축적 표피 대신 마주치고 바라보고 경험하는 길을 디자인함으로써 건축의 순수성과 중립성을 지켜내려 한 것은 아닐까? 그 나름의 건축적인 공간 전략이 실제로 작동하고 있다는 즐거운 생각을 품으면서 곳곳에 묻어나는 노력의 흔적들을 읽어가며 루르 박물관을 향해 걸어갔다.

루르 박물관, 공간과 시간을 연결하는 길

2010년에 개관한 루르 박물관은 콜하스의 이런 의도가 잘 드러나는 곳으로, 졸버레인 단지 입구에서 100미터 정도 걸어 들어오다 보면 강렬한 오렌지색의 경사 계단과 에스컬레이터에 이끌려 도저히 그냥 지나칠 수 없다. 예전에 석탄 세척 공장(Shaft XII)으로 사용된 건물을 관통하듯 날아오르는 에스컬레이터에 올라타면, 마치 석탄을 옮기던 컨베이어벨트에 올라탄 느낌을 받으면서 지상 24미터 높이에 자리 잡은 루르 박물관 입구까지 멀리 펼쳐지는 옛 산업단지의 풍경을 만끽하며 이동하게 된다. 그리고 에스컬레이터에서 내리는 순간, 다시 한 번 눈앞에 펼쳐지는 수수께끼 같은 엄청난 공간감에 놀라게 된다. 뭐랄까? 한창 사용 중이다 돌연 멈춰서버린 듯한 탄광 기계들의 거대하고 적막한 위용과 깔끔하고 현대적으로 디자인된 매표소와 카페, 그리고 뮤지엄숍의 활기찬 분위기가 묘하게 공존하고 충돌하는 커다란 접경 지대인 로비 공간을 대면하고서 의문들이 꼬리에 꼬리를 물며 이어졌다. "어떻게 이 기계들을 이렇게 높은 곳까지 올려놓았을까?" "왜 미술관 입구가 이토록 높은 곳에 위치하고 있을까?"

나중에 안 사실이지만, 렘 콜하스는 기존 시설을 약 80퍼센트 가량 그대로 보존하면서 물리적, 공간적 특성을 살리는 실질적인 방안을 찾으려 했다고 한다. 같은 취지에서 루르 박물관의 공간들 또한 우리가 일반적으로 아는 층별로 구분되는 방식 대신에 건물 높낮이를 표시한 미터 단위로 나뉘어 있다. 기존 건물이 석탄을 효율적으로 캐내고 운반하는 기능적인 측면을 최우선으로 고려해 설계되었기에 기계 장비와 컨베이어벨트가 층별로 배치된 게 아니라 층과 층을 가로질러가면서 공간을 점유하고 있다는 사실에 착안한 것이다. 그 덕분에 흔히 경험하게 되는 박물관과 다르게 어느 공간에서나 움직임의 한 지점에 잠시 서 있다는 느낌을 받게 된다. 단순한 형태적 보존을 넘어서 이전 사용자들의 이동 동선과 공간 체험까지 고스란히 오늘날의 사용자들에게 전달하고자 한 것일까? 그의 해학적인 접근방식에 감탄하면서 이곳이 지하 몇천 미터까지 이어지는 갱도로 들어가는 산업시설의 최정점의 입구이자 백여 년 전의 역사로 들어서는 가장 최신의 입구라는 평범하지만은 않은 깨달음이 짠하게 스쳐지나 갔다.

그 덕분에 걸음걸음, 박물관 곳곳에 놓인 길과 프로그램, 건물 자체의 공간을 마주하면서 방문객은 마치 광부가 된 마냥 박물관과 졸버레인을 체험하게 된다. 루르 박물관은 '현재', '기억', '역사'라는 세 가지 프로그램으로 구성되어 있는데, 상설전시와 기획전시를 관람하기 위해서는, 엘리베이터를 타고 12미터 높이에 있는 전시를 시

01	03	05
02	04	06

01 7미터 - '과거' 전시장
02 산업유산을 활용한 보행로

03 입구와 카페 위에 보존된 산업유산을
　 내려다본 풍경
04 30미터 - 'PORTAL OF INDUSTRIAL
　 HERITAGE'의 전시 홀
05 층수 대신 30미터 높이를 알리는
　 사이니지와 보존되어 있는 구조체
06 30미터 - 'PORTAL OF INDUSTRIAL
　 HERITAGE'로 향하는 계단에 배치된
　 모빌

관통하는 입구

작으로 17미터, 다시 6미터로 내려가는 재미난 동선을 밟게 된다. 이 길을 따라가다 보면, 길모퉁이와 길허리에 전시실과 함께 공존하고 있는 옛 기계 장비들과 샤프트12 건물에 남겨진 광부들의 낙서 같은 아련한 흔적을 발견하게 된다. 마치 구획되고 분류된 지식체계를 거부하고, 현재화된 기억과 연결되어 이어지는 연상과 공감을 통해서 역사의 심연에 닿으려는 듯, 루르 박물관의 길은 층과 층을 관통하면서, 옛것과 현재의 것을 연결하면서, 공간과 방문객 간 생각의 거리를 유지하면서, 연속적으로 이어지고 선택적으로 갈라져 있다.

루르 박물관에서 방문객은 이렇게 공간과 시간을 연결하는 길을 따라서 시간여행을 하게 된다. 역사의 흔적과 새롭게 디자인된 전시 공간들이 끊임없이 맞물리는 독특한 '기억-체험' 혹은 '체험-기억'을 매개로 현재와 역사가 연결되는 것이다. 또한 일반적인 전시처럼 옛 탄광의 일부분을 '보여주는' 보존이 아니라, 구조, 천장, 벽, 층 등 기존의 물리적 공간과 새롭게 삽입된 기획전시 공간 사이의 마찰과 충돌을 통해 생겨나는 체험적 혼란이 새로운 질서가 되고, 방문객이 저마다 질서를 선택적으로 구성하는 새로운 형태의 역사박물관으로 계획되어 있다.

한편, 현대적으로 설계된 기획전시 공간은 옛 흔적들과 공존하는 동시에 박물관 입구에 있던 강렬한 오렌지색 에스컬레이터처럼 뚜렷한 '차이'를 드러내면서 외부와 내부를 수직적으로 연결해주기도 하는데, 샤프트12 건물 내부에도 전시층들을 연결하는 수직 동선에 강렬한 오렌지색 조명을 사용하여 마치 갱도의 그을린 벽면에서 광부들이 느꼈을 고열의 작업환경을 은유적으로 표현하고 있는 듯싶다. 입구의 에스컬레이터가 컨베이어벨트를 의미했다면, 이곳은 방문자들이 광부가 되어 갱도로 이동하는 동선을 연출하고 있는 것처럼 느껴진다. 이렇게 길을 따라서 전시 공간들을 관통해나가는 체험이 끝나고 나면, 샤프트12 건물의 하이라이트라고 할 수 있는 45미터-파노라마 옥상층으로 향하게 된다. 계단을 통과해 힘들게 올라온 방문객들의 열기를 식혀주려는 듯, 여기에는 한눈에 담을 수 없는 졸버레인 전역의 울창한 숲과 기존 건물들이 펼치는 장대한 풍경의 향연이 기다리고 있다. 석탄을 이동시키는 데 사용되었을 구조물들이 숲 위로 용틀임을 하듯이 울쑥불쑥 솟아올라와 예전과 마찬가지로 선탄장과 연결되어 있다.

❝ 마스터플랜은 이 역사적인 장소의 둘레에 띠를 두르는 것이다. 새로운 도로와 기존의 고속도로를 연장한 새로운 터널은 더 쉬운 접근을 가능케 할 것이다. 대지 안에 있는 철로는 건물들을 연결하는 공공 공간으로 활용되어 그대로 보존될 것이다. 석탄을 나르던 스카이브리지와 1,000미터 깊이에 자리 잡은 이전 탄광지대 역시 방문자들을 위해서 개방될 것이다. 새로운 프로그램들을 외곽부에 배치함으로써 방문자들이 옛 건물 고유의 장대함과 영향력을 체험할 수 있도록 계획하였으며, 졸버레인 탄광 주위를 둘러싸는 새로운 프로그램의 띠 안쪽에는 방문자들을 안내하고, 정보를 제공하고, 매료시킬 수 있는 새로운 기능들이 배치될 것이다. 새로운 건물에 대한 프로그래밍과 기존 건물에 대한 재-프로그래밍은 예술과 문화와 연관된 다양한 기능을 포함하게 될 것이다.[40] ❞

01	02		04
	03		

미술관의 입구

01 02 45미터 - '파노라마' 옥상에서 보이는 졸버레인 광산공업지대 전경
03 　　 졸버레인 광산공업지대에 보존된 다양한 구조물과 관람객들의 풍경
04 　　 루르 박물관 출구에서 보이는 권양탑의 뒷모습

미술관의 입구

01 졸버레인 광산공업지대에 자리 잡은 레드닷 디자인 뮤지엄
02 졸버레인 광산공업지대에 자리 잡은 졸버레인 경영 및 디자인 대학
03 졸버레인 경영 및 디자인 대학에서 촬영한 빔 벤더스의 〈피나〉 스틸컷

관통하는 입구

길을 거닐다 이곳 옥상에 올라 주변을 내려다보면, 마스터플랜을 설명하는 이 말의 의미가 저절로 이해된다. 졸버레인 탄광공업단지는 역사, 예술 그리고 사람을 이어주는 띠와 같은 역할을 하는 색다른 문화공간으로 대대적으로 변모되었지만, 새롭게 디자인된 건축물은 45미터-파노라마 옥상층에서도 쉽게 찾아볼 수 없다. 1930년대부터 1970년대까지 끊임없이 확장된 졸버레인 탄광공업지대의 모습이 고스란히 숲에 싸여 보존되고 있다는 기분이 들 정도다. 탄광산업 호황기와 다른 점이 있다면, 석탄 생산을 위해 분주히 움직였을 수많은 광부, 매연으로 그을리는 하늘, 그리고 산업폐기물로 오염된 탄광지대를 대신해서 울창한 숲과 푸른 하늘, 다양한 문화를 생산하고 향유하는 시민들이 이곳의 건물들과 함께하고 있다는 사실일 것이다.

"졸버레인 탄광은 지난 150년간에 걸친 주요 산업의 진화와 쇠퇴를 증명하는 훌륭한 물질적 증거물이다"라고 적고 있는 세계문화유산 보고서의 평가와 같이, '검은 황금'을 캐내던 졸버레인 광산공업지대는 오늘날 세계적인 디자인 이벤트를 주관하는 '레드 닷 디자인 뮤지엄'(Red Dot Design Museum), 저명한 일본 건축가 세지마 가즈요(妹島和世)와 니시자와 류에(西沢立衛)가 디자인한 졸버레인 경영 및 디자인 대학(Zollverein School of Management and Design), 빔 벤더스(Wim Wenders)의 〈피나〉(2011)의 촬영지 등 문화, 예술, 디자인에 관련된 세계적인 예술가, 건축가, 기업, 학교, 재단을 협력의 띠 안으로 끌어들이면서 21세기의 새로운 황금을 캐고자 끊임없이 진화의 여정을 걷고 있다. 마스터플랜이 그리고 있는 것처럼, 이곳은 마치 한

의사의 침처럼 주변을 둘러싸고 중심을 관통하는 길들의 통로를 통해 내외부의 흐름을 조율하고 소통시킴으로써, 형식적 정체성을 유지하는 동시에 내용적으로 완벽하게 변모하는 혁신적인 진화를 실험하고 있는 것은 아닐까.

01
02 03

01 졸버레인 광산공업지대를 이어주는 여러 레이어의 보행로
02 폴크방 미술관의 내부 풍경
03 졸버레인 광산공업지대 전역을 이어주는 산책로 같은 보행로

미술관의 입구

관통하는 입구

09

길을 품은 입구

노이스
랑겐 파운데이션

독일의 어느 작은 시골마을, 도시에서 제법 멀리 떨어진 외딴 곳에 국제적으로 알려진 유명 건축가들이 설계한 건물들이 눈길을 끈다. 일본 건축가 안도 다다오(安藤忠雄)와 포르투갈 건축가 알바로 시자(Alvaro Siza), 그리고 독일 출신 건축가 겸 조각가인 올리버 크루제(Oliver Kruse) 같은 세계적인 건축가와 예술인이 이 시골 마을 섬에 모이기 시작한 것이다. 과연 이곳에는 무엇이 있는 것일까? 왜 이곳을 섬이라고 부를까? 질문할 거리가 생겨나기 시작했다.

　독일 서부 루르 공업지대의 대표적 도시 뒤셀도르프에서 차를 타고 라인 강을 건너서 서쪽으로 이동하다 보면 대부분의 사람에게는 잘 알려지지 않은 노이스라는 작은 마을이 나온다. 이 작은 마을은 라인란트팔츠 주의 도시인 트리어에 버금가는 이천 년의 오랜 역사를 갖고 있는 도시로서, 라인 강의 항구와 도로와 연결되어 농산물과 식료품, 철강, 벽돌 등이 생산되고 집산된 교통의 요지였으며, 그로 인해 성장과 약탈이 반복되어 사연 많은 역사를 간직한 장소

노이스 마을에서 랑겐 파운데이션으로 향하는 드넓은 목초지 풍경

미술관의 입구

정도로 알려져 있지만, 근래에 들어서 예술과 문화를 사랑하는 사람들 사이에 이 작은 도시가 차지하는 위상은 대단하다. '세계의 숨겨진 미술관 톱10', '유럽의 숨은 진주'[41], '지형 속의 예배당'[42], '자연과 평행선상에 놓인 미술'[43]과 같은 수식어를 얻은 홈브로이히 미술관 섬(Museumsinsel Hombroich, 1996 설립)이 바로 이곳에 자리 잡고 있기 때문이다.

홈브로이히 미술관 섬, 대자연과 인간이 예술을 매개로 만나는

미술 애호가와 전문가들 사이에서 이렇게 극찬을 받는 홈브로이히 미술관 섬과 랑겐 파운데이션(Langen Foundation, 2004년 개관)을 직접 보고 오리라는 충동으로 퀼른에서 노이스로 출발했다. 퀼른에서 약 40킬로미터 북쪽에 있는 한적한 도시 노이스를 지나서, 이곳의 수식어처럼 되어버린 드넓은 목초지 한복판 '진주'처럼 빛나는 홈브로이히 섬을 찾아 헤맸다. 그리고 마침내 아무것도 없을 것만 같던 목초지 사이에 홈브로이히 섬과 랑겐 파운데이션을 알리는 이정표를 목격했을 때는 마치 이천 년의 긴 역사 속에 묻힌 보물을 찾은 듯한 기쁨이 밀려왔다.

지평선 끝이 보이지 않는 드넓은 목초지 사이에 놓인 좁은 도로를 따라서 미술관을 향해 가다 보면 "왜 이곳을 섬이라고 부를까?"라는 의문은 저절로 풀리지만, 이윽고 "왜 이렇게 드넓은 들판 한가운데 미술관을 만들게 되었을까?"라는 또 다른 질문이 생겨나게 된다.

홈브로이히 미술관 섬의 역사는 부동산 개발업자이자 미술품 수집가였던 카를-하인리히 뮐러가 1982년 미술관 섬을 설립하기 위해서 에르프트 강 주변에 있는, 한적한 정원이 딸린 로사-하우스(Rosa Haus, 1816년 완공)를 매입하면서 시작되었다고 한다. 그 이후로 한동안은 인접한 군사기지 때문에 개발이 제한되었지만 군비축소협약을 통해 규제가 풀리자, 주변 대지를 추가로 매입하고 독일 조경가인 베른하르트 코르테(Bernhard Korte)에게 공원의 조경디자인을 의뢰하면서 본격적으로 미술관 설립에 박차를 가한다. 옛 정원의 모습을 되살리는 동시에 가장 미니멀한 조경디자인을 통해 자연과 예술 그리고 사람들이 공존하는 미술관 섬의 이상을 꿈꾸어온 그가 먼저 그 이상을 실현하기 위한 터전을 다듬어가기 시작한 것이다. 그에게 드넓은 들판은 곧 대자연이었고 미술관은 곧 예술을 매개로 대자연과 인간이 서로 만나게 되는 장소였으리라! 이로써 "왜?"라는 나머지 질문이 풀리게 되었다.

카를-하인리히 뮐러는 건축에도 조예가 깊었다고 한다. 그는 오래 친분을 쌓아온 독일 조각가 에르빈 헤리히(Erwin Heerich)를 초청해 1982년부터 1994년에 걸쳐서 11개의 파빌리온 디자인을 의뢰했고, 에르빈 헤리히는 미술관 섬과 공원 곳곳에 건축적 양식보다는 지형적 특성에 직접적으로 대응하는 기하학적 매스로 구성된 전시 공간들을 만들어냈다. 이들 전시 파빌리온은 건축 공간이라기보다는 건축적 오브제로서 그 자체가 조각품처럼 감상될 수 있는 작품으로 디자인되었으며, 작품에 대한 일체의 설명도 없이 전시된 예술작품들과 어우러져 읽기보다는 느끼는 공간, 혹은 예술작품을 담고

미술관의 입구

있는 예술품으로 체험된다. 작품에 대한 설명이 없으니 누구의 무슨 작품이라는 앎을 떠올리기보다는 자연과 예술을 조우하는 만남 그 자체에서 기쁨을 온전히 즐기는 자기 자신을 자연스럽게 발견하게 된다.

이후에 뮐러는 미술관 섬에 인접한 키르케뷔-펠트(Kirkeby-Feld)와 제2차 세계대전의 산물인 북대서양조약기구 미사일 기지를 공원에 포함시키고, 더욱 다양한 예술가들을 유치하고자 스튜디오, 주거 공간, 과학 연구소, 다목적 이벤트 홀 등을 차례로 만들어가면서 미술관 섬을 말 그대로 복합 문화단지로 확장시켜나가게 된다. 예술가들이 모여 사는 유토피아를 만들고자 했던 것일까? 기록에 따르면, 뮐러는 홈브로이히 미술관 섬과 공원을 설립하기까지 인상파 화가 폴 세잔(Paul Cezanne)의 '자연과 평행선상의 예술'(art in parallel to nature)이라는 교의에서 깊은 영향을 받았다고 한다.[44] 그래서일까, 미술관 섬 곳곳에 있는 파빌리온들은 세잔의 풍경화 속 기하학적 입체를 닮았고, 지평선으로 열려 있는 미술관 섬에서의 미적 경험은 "풍경이 내 속에서 자신을 생각한다. 나는 풍경의 의식이다"라고 말했던 세잔의 언명을 닮아 있다.

미술관의 입구

01		03
		04
02		

01 랑겐 파운데이션 첫 번째 입구의 담
02 랑겐 파운데이션 첫 번째 입구의 정면 풍경
03 랑겐 파운데이션 주 출입구로 향하는 길을 액자에 담는 듯한 첫 번째 입구
04 담을 지나자 보이는 랑겐 파운데이션과 잔잔한 연못

길을 품은 입구

랑겐 파운데이션, 자연에서 우리가 짓는 공간들을 빌려온다

십여 년에 걸쳐 크고 작은 계획들과 함께 성장한 홈브로이히 미술관은 지속적인 성장과 체계적인 후원을 위해 노이스 시에 기증되었고, 1996년부터는 개인 미술관이 아닌 공공 미술관으로서, 노이스 시와 노르트라인베스트팔렌 주의 후원으로 설립된 홈브로이히 재단에서 운영하고 있다고 한다. 이렇게 탄생한 홈브로이히 미술관 섬과 그 주위를 둘러싼 목초지를 지나쳐서 가장 먼저 찾은 건물은, 홈브로이히 미술관 섬에서 약 1킬로미터 떨어진 미사일 기지 초입에 자리 잡은 랑겐 파운데이션이다.

이 건축물은 일본 건축가 안도 다다오가 설계한 것으로, 특유의 기하학적 볼륨들 사이의 긴장감과 노출 콘크리트 표면이 내뿜는 거친 듯 매끄러운 광택이 초지의 녹음과 뚜렷한 대조를 이루고 있다. 마침 비가 살짝 흩뿌리는 흐린 날씨 덕분에 노출 콘크리트는 비에 젖어 더욱 깊고 진한 빛을 머금고 있었고, 이전 NATO 미사일 기지 곳곳에 남아 있는 냉전시대의 잔재들과 묘하게 어울려 가늠할 수 없는 깊이를 연출하고 있었다.

랑겐 파운데이션 입구에 도착하면, 다른 안도 다다오 건물과 마찬가지로 멀리서부터 보이던 미술관 본관은 약 4미터 높이의 커다란 반원형 노출 콘크리트 담 밑에 살짝 숨어버리고, 이 담 한켠에 마련된 작은 입구를 통과하면서 미술관을 향한 본격적인 풍경과의 숨바꼭질이 시작된다. 마치 미술관이 있는 세상과 없는 세상으로 나누어 놓은 듯한 긴 벽을 관통해 들어서면 돌연 펼쳐지는 연못의 수평

미술관의 입구

선에 또다시 놀라게 된다. 주변의 드넓은 목초지의 지평선과 대구를 이루면서, 연못은 미술관과 주변 들판뿐만 아니라 드높은 하늘을 반사시키며 그 가장자리 끝에 미술관이 살며시 떠 있는 듯한 착각을 불러일으킨다.

연못과 하늘 그리고 들판이 펼치는 풍경에 취해 미술관으로 길게 뻗은 벚길을 따라 산책하듯 걷다 보면, 드라마 같은 풍경 안에 숨죽이고 있던 미세한 표정들이 하나하나 다가오기 시작하고, 보슬보슬 내리는 겨울비가 연못에 그리는 파문에마저 감동케 되는 서정적인 분위기에 휩싸여 한 걸음 한 걸음 옮겨 걷다 보면, 어느덧 입구에 다다르게 된다. 담을 지나 미술관 건물의 입구에 도착할 때까지 누구의 방해도 받기 싫을 정도로 소중하게 느껴지는 고요하고 한적한 공간의 도입부는 마치 예술품을 마주하기 이전에 한 사람 한 사람 모두 마음을 정돈할 시간을 가지라는 의미리라. 길을 걸으면서 갖게 된 예술품과 나 사이의 넉넉한 여백을 품에 안고 미술관의 문을 열었다.

랑겐 파운데이션은 두 가지 건축 형태로 구성되어 있다. 본동 매스는 철골 프레임으로 지지되는 투명한 유리 박스가 단층의 긴 직사각형 콘크리트 박스(길이 76미터, 폭 10.8미터, 높이 6미터)를 둘러싼 형태고, 본동 매스와 45도 각으로 접점에서 만나는 또 다른 매스는 마치 본동을 'ㄷ'자로 접어놓은 형태로 땅에 반쯤 묻혀 있고, 그 가운데에 지하로 내려가는 계단이 있다. 이렇게 볼륨감을 드러내기보다는 그 내부의 길을 늘리고, 길을 접고, 길을 덮고, 길을 숨기는 방식으로 구성되어 있어서 미술관은 규모에 비해서 밖으로 드러난 크기

미술관의 입구

01	02	03
04	05	

01 02 랑겐 파운데이션 주 출입구로 향하는 길목의 벚나무, 담 길과 연못의
풍경
03 랑겐 파운데이션의 카페/쉬는 공간을 외부에서 바라본 풍경
04 랑겐 파운데이션 주 입구
05 미술관 카페/쉬는 공간의 풍경

가 훨씬 작게 느껴진다. 숨겨진 매스와 투명한 매스 덕분에 그만큼 자연과 마주할 여백이 커지게 된 것이다.

　미술관 입구에 들어서면 투명한 유리 박스와 콘크리트 박스 사이의 여백의 공간인, 긴 회랑이 내뿜는 깊이감과 존재감이 대단하다. 길게 뻗은 장축 면의 바깥에는 드넓은 초지가, 그 안쪽에는 육중한 콘크리트 벽면이, 그리고 단축 면의 바깥에는 연못이 자리 잡고 있어서, 회랑을 돌아 나아가면서 풍경들이 충돌하는 긴장감을 느끼게 된다. 뭐랄까? 철골 프레임이라는 뷰파인더로 보는 대자연의 파노라마가 연상된다. 모퉁이를 돌아서 보는 풍경에서는 그 긴장감이 더욱 고조되면서, 안팎의 서로 다른 풍경 사이의 연속적인 상호작용 때문인지 내외부의 경계도 모호해지고 마치 물판 위에서 부유해 있는 듯한 즐거운 착각에 빠지게 된다. 주체와 객체 사이의 경계가 허물어지는 홈브로이히 미술관 섬의 압축판은 아닐까 자문하면서…….

　반면, 회랑이 감싸고 있는 콘크리트 박스 내부는 바깥 공간과는 전혀 다른 공간감을 느끼게 한다. 벽면에 창 하나 없는 이 거대한 콘크리트 박스는 천장의 좁고 긴 틈새 창을 통해서 자연광을 내부로 끌어온다. 회랑에서는 그 육중한 존재감을 발산하며 어떤 외부 요인에도 끄떡없어 보이는 이 콘크리트 덩어리의 내부는 역설적이게도 모든 요인에 신경이 자극되는 감각적인 공간으로 만들어져 있다는 생각이 든다. 43미터와 5.4미터로 좁고 길게 만들어진 이 공간은 방문객의 발소리마저 미묘하게 울림으로 전달되는 지극히 닫힌 공간이며 천장에서 갈려져 들어오는 빛은 그 울림을 증폭시키듯 닫힌 내

부에 미묘한 진동을 더해준다. 그래서인지 이 공간에 서면, 미술품을 관람하는 사람들끼리 경계를 어느 정도 지켜줘야 한다는 일종의 책임감이 자연스럽게 자라나는 느낌이다.

긴장감이 도는 콘크리트 박스의 닫힌 공간을 빠져나오면 해방감과 함께 외부 환경이 더욱더 극적으로 다가오는 느낌을 받게 되고, 곧이어 현대미술 전시 공간(I, II)으로 연결되는 완만한 경사로가 나타나서 발걸음은 더욱 경쾌하고 가벼워진다. 이 완만한 경사로는 가끔씩 기획전시 공간으로도 사용된다고 하는데, 아마도 어둠에서 빠져나와서 홀가분한 마음으로 접하는 전시물이 더 강렬하게 보는 이의 관심을 사로잡을 듯싶다. 그렇게 유쾌한 마음으로 긴 회랑의 경사로를 거쳐 두 번째 전시 공간의 입구에 도달했을 때, 긴 콘크리트 박스의 꺾인 벽면이 주는 육중한 어둠과 회랑에서 번지는 투명한 빛이 만나면서 그들만의 경계를 만드는 모습을 목격할 수 있었다. 마치 전시 공간 사이에 약간의 멈춤이라도 의도한 듯한 그 꼭지에서 숨을 들이마시고 어둠과 빛의 결속을 풀고 조심스럽게 두 번째 전시 공간으로 들어갔다.

두 번째 전시 공간은, 좁은 입구가 풍기는 예감과는 달리 두 개의 전시 공간들이 입체적으로 연결된 크고 넉넉한 공간 안에 천창과 측창으로 들어오는 빛이 담겨서, 차가운 콘크리트 표면마저 따뜻하게 느껴지는 그런 공간이었다. 상부에서 넓은 복도로 연결된 두 개의 전시 공간은 거의 비슷한 형태와 크기로 대칭되어 보이지만, 전시 공간 I은 전시 공간의 양끝에 닿을 듯이 길게 뻗은 경사로가 상당한 길이의 공간을 점유함으로써 방문객이 동적 시선과 다른 시각으로 전시를 관람하게 하는 한편, 두 전시 공간 사이를 가로질러 내려가는 커다란 외부 계단을 중심으로 나눠지는 전시 공간 II는 온전히 비워진 전시 공간으로 계획되어 있고, 긴 경사로 대신에 내부를 조망하는 전망용 계단참과 외부로 연결되는 선큰형 계단참을 거쳐서 지하와 연결되는 등, 전시 공간 I과는 사뭇 다른 공간 구성 방식을 보인다.

그러나 분위기와 이동속도 등 고유한 공간적 특성을 갖는 이 세 개의 전시 공간 모두 공통된 건축 장치를 가지고 있다. 바로 천장 한가운데 좁고 길게 뚫려 있는 천창이다. 건축가는 이 창으로 실내에 은은한 자연광과 그림자를 연출할 뿐만 아니라 자연환기를 고려한 것으로 보인다.[45] 한편, 좁고 긴 천창은 빛과 나란히 길게 드리운 음영을 통해 전시 공간의 깊이를 더더욱 고조시켜주는 듯했다. 이렇게 미술관 내부에 겹겹이 쌓여 있는 동선을 밟아가며 이곳저곳을 두루두루 관람하고서야 왔던 길을 되밟으며 미술관을 나섰다. 홀가분한 맘으로 다시금 마주친 녹음을 바라보자. "우리는 자연으로부터 우리가 짓는 공간들을 빌려온다"고 말한 안도 다다오의 건축철학이 새삼스럽게 묵직한 감동으로 다가왔다.

아마도 랑겐 파운데이션이 오늘날 이 자리에 만들어지게 된 것도 이 건축가 신념과 무관하지 않았을 것이다. 그의 건축적 신념을 높게 평가한 카를-하인리히 뮐러가 1994년에 안도 다다오를 미사일 기지에 초대한 사건을 계기로 이후에 랑겐 파운데이션 건물로 실현될 운명을 지닌 상상안이 그려지기 시작한 것이다. 그리고 2001년, 이 상상 프로젝트는 그의 계획안에 운명적으로 끌린 지지자를 얻어

미술관의 입구

01 현대미술 III 전시관에서 보이는 현대미술 I 전시관
02 현대미술 III 전시관에서 보이는 커다란 외부
   계단과 현대미술 I 전시관
03 현대미술 III과 현대미술 II 전시관을 이어주는
   램프 끝에서의 모습
04 현대미술 II 전시관 끝에서 바라보는 램프와
   전시관
05 현대미술 I에서 바라보는 현대미술 III으로 향하는
   계단과 전시관
06 현대미술 I 전시관

길을 품은 입구

서 현실화되기 시작한다. 바로 "랑겐 파운데이션 건축은 내가 구입한 가장 커다란 예술작품이다"[46]라고 극찬한 마리엔 랑겐(Marianne Langen) 여사로, 그녀를 통해서 랑겐 파운데이션은 이상안에서 현실안으로 구체화될 수 있었다.

랑겐 파운데이션이 탄생하는 계기가 된 뮐러의 홈브로이히 미술관 섬과 비교해볼 때, 산책로로 이루어진 정원을 통해서 미술관을 관람한다는 점에서 둘 사이에는 우선 기본적인 닮음꼴을 가지고 있다. 홈브로이히 미술관 섬은 미술과 미술관 그리고 자연의 융합이라는 공간 구성과 운영 방식을 통해서 미술과 사람, 미술과 자연, 자연과 사람 간의 구습적인 관례를 깨는 혁신적인 공간으로 유명하다. 예컨대, 미술품에 대한 선입견과 편견을 깨기 위해서 작품 설명이 없다든가, CCTV처럼 관람객과 미술품 사이의 친밀한 관계 형성에 방해되는 것을 두지 않는 등의 독특한 방식은 이 미술관을 정말 특별하게 만든다. 그러나 민간 재단이 소유한 대규모 미술관인 랑겐 파운데이션에서 홈브로이히 미술관 섬처럼 경계를 허무는 극적인 개방성을 상상했다면 무리한 요구일 것이다.

동네 마실처럼 조각 같은 건축 공간들이 모여서 미술관이 된 게 홈브로이히 미술관 섬이라면, 랑겐 파운데이션은 조각 그 자체인 건축 섬 안에 동네 마실이 담겨 있는 미술관이라고 해야 할까! 이 미술관에는 자연과 미술 그리고 미술관이 응축되어 있는 집적체 같다는 생각이 들었다. 그래서 랑겐 파운데이션은 단순히 미술품을 전시하기 위한 건축물로 존재한다기보다는, 건축물 자체가 홈브로이히 미술관 섬의 자연과 같은 예술품으로서 전시되고 있다는 느낌이 든다.

길을 품은 입구

"전 건축이 너무 많은 이야기를 안 해도 된다고 믿고 있습니다. 건축은 자연으로부터의 빛과 바람이 이야기하도록 침묵해야 합니다"라고 말하는 안도 다다오의 건축은 예술과 사람 그리고 자연의 만남과 화해를 꿈꾸는 홈브로이히 미술관 섬의 공간 계획과 통해 있다. 그리고 자연이 말하도록 침묵하는 건축과 그 이야기와 대면하는 입구와 길을 만들어가는 랑겐 파운데이션의 공간은 홈브로이히 미술관 섬의 설립자 카를-하인리히 뮐러의 철학과도 맞닿아 있다. 그가 남긴 에세이의 일부분을 읽으면서 홈브로이히 미술관 섬 옆의 섬, 랑겐 파운데이션에서 바라본 자연 속 예술, 예술 속 자연을 떠올린다.

❝ 이 섬은 본질적으로 여성적이다. 그녀는 생명을 낳고, 서로 붙잡아주며, 지지하고, 지원하며, 풀어놓는다. 그녀는 해야 하는 것이 아니라 할 수 있는 것이며, 그녀는 둘 중에 이것 혹은 저것이 아니라, 이것이면서 또한 저것이 될 수 있는 것이다. 그녀는 매일매일 모든 이가 자기 자신과 합의하도록 유도한다. 그녀는 조직, 사냥, 축적, 권력 그리고 시위를 위한 남성적인 장(場)이 아니다.[47] ❞

그의 말처럼, 랑겐 파운데이션의 입구는 이것인 동시에 저것인 가능성으로 열려 있는 길을 품고 있다.

미술관의 입구

10
산책로의 입구

오텔로
크룈러-뮐러
미술관

외지인만큼이나 네덜란드 현지인도 방문 전에 만반의 준비를
해야 하는 미술관이 있다. 네덜란드 하면 맨 먼저 떠오르는 비운의
화가, 빈센트 반 고흐(Vincent van Gogh)의 작품을 한껏 즐길 수 있는
크뢸러-뮐러 미술관(Krollen-Muller Museum, 1938년 개관)이 바로 그곳
이다.

    최근 새로운 입구를 포함한 성공적인 증축 이후에 더욱 큰 사
랑을 받는 암스테르담 반 고흐 미술관(Van Gogh Museum, 1973년 개관)
이 고흐 작품을 가장 많이 소장하고 있다면, 이에 버금가는 규모를
자랑하는 크뢸러-뮐러 미술관은 고흐의 초기작 가운데 가장 중요한
작품으로 평가받는 〈감자 먹는 사람들〉(1885년작), 〈씨 뿌리는 사람
들〉(1888년작), 〈밤의 카페의 테라스〉(1888년작), 〈복숭아나무〉(1888년
작) 시리즈 등 그의 대표작을 중심으로 200여 점이 넘는 고흐의 회화
와 드로잉을 소장하고 있으며, 이 밖에도 데 스테일(De Stijl)을 비롯
한 수많은 근대 유파의 회화 작품과 조각, 심지어 건축 작품을 특유

01
02
03

01 드 호흐 펠류어
   국립공원의 넓은 평원
02 자전거를 타고
   국립공원을
   가로질러가는
   미술관으로의 접근로
03 크뢸러-뮐러 미술관
   입구

미술관의 입구

의 가정집 같은 미술관 개념이 적용된 건축 공간, 외부 공간 그리고 공원에 담아두는 여유 있고 편안한 공간을 자랑하며, 오늘도 수많은 방문객을 맞이하고 있다.

대자연에 예술을 초대하는 드 호흐 펠류어 국립공원

유럽의 미술관 대부분이 도심에 자리 잡아 도시 문화에 빠르게 대응하고 소통하도록 계획된 반면, 크뢸러-뮐러 미술관은 특이하게도 네덜란드에서 가장 큰 국립공원인 '드 호흐 펠류어 국립공원' 안쪽 깊숙이 자리 잡고 있다. 마치 미술과 함께 다양한 예술문화를 파노라믹한 대자연에서 공유하고 초대하고자 하는 느낌을 받게 되며, 이런 이유에서인지 미술 애호가들뿐만이 아니라 여가를 즐기려는 일반 가족 단위의 방문객과 관광객이 많다.[48]

고흐를 품은 대자연 속 미술관으로 향하는 여정은 여러 가지 의미에서 흥미로웠다. 우선 로테르담 중앙역에서 출발해서, 건축가 헤르만 헤르츠버거(Herman Hertzberger)가 위계 없는 '사무실 풍경'이라는 개념을 선보인 유명한 건축물(Office Building Centraal Beheer)이 위치한 아펠도른을 거쳐, 국립공원의 입구가 있는 훈더를로로 향했다. 버스를 타고 크고 작은 도시들과 한적한 동네들을 지나서야, 비로소 드 호흐 펠류어 국립공원에 근접했음을 알리는 드넓은 평원이 눈에 들어오기 시작하는데, 주위를 둘러보면 사방이 끝이 안 보이는 자연 생태 그 자체여서 과연 이곳에 어떻게 미술관이 있을까?라는 의문이 자연스레 생기게 된다.

드 호흐 펠류어 국립공원은 네덜란드 동부에 위치한 작은 도시들인 아펠도른, 아른헴, 훈더를로, 스하르스베르헌, 오텔로, 와게닝겐 사이의 거대한 땅에 자리 잡고 있지만, 공원의 입구는 오직 오텔로, 훈더를로, 스하르스베르헌 단 세 곳이고, 이 입구 모두를 다름 아닌 네덜란드 건축그룹 MVRDV가 설계했다고 한다. 건축가는 각각의 입구를 '오두막'(Lodge, 1994~1995년 완공)이라는 이름과 어울리게 단순하지만 재미난 개념으로 형태화했는데, 지정된 장소에서 차량의 움직임, 차량 및 자전거 주차의 형태와 방문객이 공원에 입장하는 행태분석 등 장소별로 고유한 특성을 고려해 변형시킨 서로 다른 유형의 입구들이 각각 삼나무, 코르틴 철, 벽돌들을 사용하여 개성있게 디자인되었다.[49]

하지만 이보다 마음을 사로잡은 것은 다름 아닌 공원 입구에 들어서기 전후로 계속된 끝이 보이지 않는 평야와 멀리 보이는 숲들이 만들어내는 자연 경관이었다. 마치 수천 년간 자연스럽게 변화해온 랜드스케이프를 고스란히 보존하고 있다는 사실을 보여주려 하는 듯 황야와 초원, 표사, 삼림 등의 지형들이 마치 달리는 버스 안에서는 연속되는 사진 프레임들처럼 수시로 바뀌고 있었다.

이토록 다양한 자연 지형들이 겹겹이 보인 이유에는 석기시대까지 거슬러 올라가는 이 국립공원의 기원과, 1935년 국립공원으로 설립되기까지 보존에 힘써온 시민들과 네덜란드 지자체의 노력이 가장 컸겠지만, 그 가운데 가장 큰 역할을 일궈낸 사람을 꼽자면, 단연 크뢸러-뮐러 미술관의 설립을 계획한 크뢸러(Kroller) 부부라고 해도 과언은 아닐 것이다.

미술관의 입구

오늘날 드 호흐 펠류어 국립공원은 크뢸러-뮐러 미술관 외에도 55제곱킬로미터의 광활한 트래킹, 캠핑, 사이클링 루트를 제공하여 수많은 방문객을 대자연으로 초대하고 있다. 그뿐만 아니라 네덜란드의 저명한 건축가 헨드릭 페트뤼스 베를라허(Hendrik Petrus Berlage)가 설계한 성 휘베르튀스 집(St. Hubertus Hunting Lodge, 1920년 완공)을 공공에 개방하여 방문객에게는 레저 문화뿐만이 아니라 예술과 휴양 문화, 대자연을 한꺼번에 즐길 수 있는 문화 국립공원으로 성장해가고 있는 중이다. 놀랍게도 이곳이 바로 과거 크뢸러 부부의 개인 사냥터였다고 한다.

울창한 오솔길을 뒤로하고 공원 입구에 들어서면, 방문객은 행선지까지 다양한 루트와 방법을 선택할 수 있다. 미술관까지는 국립공원에서 무료로 제공하는 이 공원의 아이콘 하얀 자전거, 도보 그리고 타고 온 버스로 미술관으로 향할 수 있다. 이전에는 자전거를 타고 한참을 자연을 벗 삼아 달려서 미술관에 도착한 적도 있지만, 이번에는 빠듯한 일정 때문에 버스를 선택할 수밖에 없었다. 공원 입장권을 구매하면서 짧게나마 MVRDV의 '오두막' 매표소를 둘러보는 경험으로 위안을 삼고서, 그대로 버스에 다시 올라타 곧게 뻗은 너도밤나무 사이에 스며드는 따사로운 4월의 봄 햇살을 만끽하며 미술관으로 향했다.

크뢸러-뮐러 미술관으로 향하는 오솔길 위는 다양한 볼거리들의 연속이다. 이 미술관이 이토록 아름다운 곳에 자리 잡게 된 계기는 앞서 언급했듯이 최초 창립자이자 수많은 미술작품의 기증자이며 초대 관장인 헬렌 크뢸러-뮐러(Helene Kroller-Muller) 여사[50]의 강

01 크뢸러-뮐러 미술관 입구에 배치된 오스발트 베켄바흐의
   〈Mister Jacques〉와 배경에 보이는 크뢸러-뮐러 미술관의 구관
02 크뢸러-뮐러 미술관 신관의 입구
03 외부 풍경이 관입해 들어오는 미술관 내부의 모습
04 미술관 카페

미술관의 입구

01	03
02	04

산책로의 입구

한 의지에서 시작되었다고 한다. 밀러 여사는 미술작품에 대해 배우며 수집한 미술품들이 가정집처럼 편안하고 안락한 공간 속에 전시되기를 바랐다는데, 그래서인지 크뢸러-밀러 미술관은 마치 영화에서 봤을 법한 유럽 귀족의 대저택을 방문하는 것처럼, 몇 개의 관문을 거쳐서 사적인 개인 공간으로 향하고 있는 듯한 느낌을 안겨준다. 다만 이곳은 빗장을 걸어 잠근 관문들 대신에 자연 지형으로 굽이굽이 나뉜 길자락이 만들어내는 경계들이 관문 역할을 하고 있고, 그 길자락 위 관문들을 여가를 즐기려는 사이클러들과 트래커들이 지나쳐간다.

크뢸러-밀러 미술관, 풍경의 산책로

끝없이 숲속으로 들어갈 것만 같던 버스는 드디어 크뢸러-밀러 미술관 입구 앞에 도착했다. 버스에서 내린 방문객을 가장 먼저 맞이해주는 것은 다름 아닌 울창한 숲과 미술작품이다. 4월임에도 눈부실 만큼 푸른 크뢸러-밀러 미술관 앞 잔디밭에는 네덜란드 조각가 오스발트 베켄바흐(Oswald Wenckebach)의 〈Mister Jacques〉(1956년작) 동상이 한껏 포즈를 취하며 방문객들을 가장 먼저 맞이하고 그 뒤로는 미국 조각가 마크 디 수베로(Mark di Suvero)의 〈K-Piece〉(1972년작)가 붉고 강렬한 빛과 함께 구조미를 뽐내며 우뚝 서 있다.

인파를 따라 앞마당에 놓인 야외 조각품들을 감상하면서 미술관 본관 입구를 향해 걷다 보면, 이곳의 특별함을 서서히 체감할 수 있다. 버스에서 내릴 때만 해도, 단순히 울창한 숲이 미술관을 싸안고 있구나 정도의 분위기지만, 미술관의 입구로 향하다 보면 단층의 기다란 미술관 매스들이 숲과 마당, 옥외 미술작품들 사이에서 나지막한 공간 켜를 형성하면서 점차로 위요되고 닫힌 공간으로 전환되어가는 것을 느낄 수 있다. 자연스럽게 관람객은 대자연으로부터 미술작품으로 시선과 관심을 돌리게 된다.

눈앞에 펼쳐지는 두 덩어리의 낮고 긴 형태로 조합된 미술관은 각각 구관과 신관으로, 모두 입면은 매우 단순하지만 서로 다른 방식으로 주변 환경과 어우러져 있어서 지루하다기보다는 알 수 없는 기대감을 선사한다. 입구로 향하는 방향에서 오른쪽에 자리 잡은 구관(1938년 개관)[51]은 답답할 만큼 창이 없는 '닫힘의 공간'이지만 투명한 신관의 개방감과 맞물려, 지나쳐 들어오는 내내 그 안에 무엇을 감추어 놓았는지 알 수 없는 궁금증을 증폭시키는 반면, 빔 헤라르뒤 크비스트(Wim Gerhard Quist)의 설계로 미스 반 데어 로에의 '크라운 홀'(S. R. Crown Hall)을 연상시키는 검고 뚜렷한 철 구조와 반대편 뒷마당이 고스란히 드러나 보이는 맑고 투명한 유리 입면으로 계획된 신관(1977년 완공)은 밀폐된 구관은 물론이고 공원 전체를 시원하게 관통해 들어갈 것만 같은 통쾌한 '열림의 공간' 안으로 입구를 품고 있다. 이 뚜렷한 대조가 절묘하게 어우러져 미술관 안으로 들어서는 입구는 궁금하면서도 편안한 느낌이 동시에 든다고 해야 할까. 아무튼 이렇게 입구를 중심으로 각각 두 시대의 건축 공간을 대변하면서 마주 보고 있는 신관과 구관은, 마치 미술관을 둘러싸고 있는 울창한 숲과 바위처럼, 시대의 컨텍스트에 따라 변화할 수 있는 것과 변화하지 않는 이념을 한자리에 표현하는 것만 같았다.

크뢸러-뮐러 미술관의 입구는 산책로와 같은 미술관 관람 동선이 시작되는 곳으로, 작품과의 만남은 실내뿐만 아니라 미술관 뒤편 야외 조각공원으로도 이어진다. 흥미롭게도 관람 동선들이 연결해 가는 미술관의 세 가지 주요 공간인 구관, 신관, 조각공원은 미술관 건축물들의 투명도와 밀접한 관계가 있다. 우선 근대를 대표하는 벨기에의 거장 건축가 헨리 판 더 펠데(Henry van de Velde)가 설계한 구관은 앞서 말했듯이 '닫힘의 공간'으로 설계되었다. 이곳에는 16세기 작품부터 시작해서 불멸의 사랑을 받고 있는 고흐, 몬드리안(Piet Mondrian), 세잔, 폴 시냐크(Paul Signac), 모네(Claude Monet) 같은 근대의 대표작들이 상설전시되고 있다. 1961년에 조성된 30만 제곱미터 넓이의 조각공원은 말 그대로 사방으로 '열린 외부 공간'으로, 무려 160여 개의 크고 작은 조각부터 헤릿 릿벨트(Gerrit T. Rietveld), 알도 반 아이크 등이 설계한 건축 파빌리온까지도 옮겨와 전시하고 있다. 마지막으로 이 두 공간을 매개하는 '열린 내부 공간'이 바로 빔 크비스트가 증축한 신관이다. 입구를 품고 있는 이 공간은 내외부를 연결하는 산책로 같은 관람 동선이 만나고, 분기되고, 잠시 머무르는 곳으로, 미술관 뒤편의 조각공원으로 나가려면 반드시 이 공간을 거쳐야 한다. 투명한 유리창 너머 울창한 숲을 배경으로 바라보는 조각품들이 인상적이던 이 공간 한켠 카페에 앉아서 차 한 잔의 여유를 누린 기억이 아련하고 투명하게 떠오른다. 이렇게 지붕과 벽으로 둘러싸인 닫힌 공간, 지붕과 벽이 없는 열린 공간, 벽을 연 열린 공간으로 구성된 세 가지 공간에 걸쳐서 다양한 시대를 대표하는 800여 점이 넘는 미술품이 걸음걸음 방문자들을 맞이하고 있다.

간단명료하게 구분되어 있는 특색 있는 방들을 여행하는 재미가 솔솔한 이 미술관 안에는 외부 공간처럼 밝고 시원하게 열린 공간들이 곳곳에 숨어 있어서 관람에 즐거움을 더해준다. 그중에서도 가장 인상 깊은 공간을 선택하라면, 신관과 구관 그리고 바깥의 자연을 이어주는 길고 투명한 회랑 공간과 울창한 숲을 넋 놓고 바라볼 수 있는 커다란 창이 있는 구관의 조각갤러리 내부 공간이 아닐까 싶다. 이 두 공간이 가장 특별하게 다가오는 이유는, 불과 몇십 년 차이지만, 서로 다른 두 시대에 디자인된 창을 통해서 본 외부 환경이 극명하게 달리 느껴지기 때문이다.

20세기 초 모더니즘 건축의 태동기를 선도했던 건축가 헨리 판 데 펠데가 디자인한 창은 내부 공간의 프레임이 창을 거쳐서 외부로 이어져나가는 듯 깊이감과 무게감이 느껴지는 틀 같다면, '제2차 국제건축 양식'이라고도 불리는 1970년대 모더니즘 시기에 빔 크비스트가 설계한 창은 외부가 마치 내부에 붙어 있는 듯 창틀의 깊이와 물성마저 숨겨버린 스크린과 같다. 물성과 비물성, 육중함과 가벼움, 프레임과 스크린이 대구를 이루는 두 창을 바라보고 있으니 회화의 역사와 건축의 역사가 서로 많이 닮아 있다는 생각이 자연스럽게 든다.

이런 흥미로운 공간이 만들어지기까지 크뢸러-뮐러 여사는 네덜란드 무역사업가인 남편의 금전적인 후원과 자신의 교사격인 미술상 브레머(Henk Bremmer)의 조언에 힘입은 뛰어난 안목을 가지고, 네덜란드 회화작품을 시작으로 고흐를 비롯한 여러 근현대 화가의 작품을 집중적으로 수집해나갔다. 특히 몬드리안의 초기작과 몬드리안이 참여한 데 스테일 예술운동을 후원함으로써 훌륭한 컬렉

01   03

02   04

산책로의 입구

션의 기반이 만들어지자, 이들 소장품을 위한 미술관 설립을 본격적으로 추진했다. 하지만 제1차 세계대전과 경제공황 같은 시대의 악재를 거치면서 안톤 뮐러의 사업은 큰 타격을 입게 되었고, 급기야 1922년, 조르주 쇠라의 〈기묘한 춤〉(1889-1890년작)을 마지막으로 미술품 수집도 종말을 고하고 미술관 계획도 중단되었으며 그녀가 소장한 모든 미술품은 안전한 보관과 이에 상응하는 미술관을 설립하는 조건으로 국가에 기증되었다.[52]

마침내 1938년, 정부의 점층적인 증축을 통해서 1920년부터 헨리 판 데 펠데가 설계해온 미술관이 개관하게 되었고, 크뢸러-뮐러 여사가 일 년간 미술관 관장직을 맡았지만 아쉽게도 이듬해 세상을 뜨고 만다. 이후, 미술 비평가로 저명한 브람 하마허(A. M. Hammacher)가 관장에 임명되어 '예술과 자연의 조화'라는 모토와 함께 다양한 조각전을 기획했는데, 외부의 푸른 숲과 빛을 적극적으로 활용하기 위해 큰 창들이 있는 콩그레스 윙(Congress Wing)을 기존 전시실의 뒤편에 증축하고 조각 갤러리를 만들어 확장한 것도, 1961년 거대한 규모의 조각공원을 현실화한 것도 바로 이 시기이다.

이렇게 확장된 크뢸러-뮐러 미술관의 조각공원은 미술관의 입구 반대편에 있는 출구로 입장할 수 있다. 출구로 나가면, 조각공원은 마치 동네 공원에 온 것마냥 전혀 낯설지가 않지만, 눈앞에 방대하게 펼쳐진 초록의 잔디와 호수 그리고 울창한 숲을 배경으로 펼쳐지는 아름다운 풍경은 잊을 수 없는 기억으로 남는다. 그뿐만이 아니다. 잔디 위에 누워 책을 읽는 관람객부터 담소를 나누는 연인, 노부부, 뛰노는 아이들이 사방에서 여유를 만끽하는 풍경을 보고 있자

01 크뢸러-뮐러 미술관 조각공원의 풍경
02 크뢸러-뮐러 미술관 조각공원 입구 쪽 호수에
　 전시된 마르타 팬의 〈부유하는 조각, 오터를로〉
03 조각공원의 한가운데 있는 장 뒤뷔페의 〈Jardin
　 d'Email〉
04 장 뒤뷔페의 〈Jardin d'Email〉 안쪽의 모습

01	
02	
	03
	04

미술관의 입구

01		04
02		
03		05

01 크뢸러-뮐러 미술관 조각공원
입구에서 가장 먼 남쪽에 있는
알도 반 아이크의 파빌리온
02 알도 반 아이크의 파빌리온
외부
03 알도 반 아이크의 파빌리온
내부
04 크뢸러-뮐러 미술관의
조각공원에 아이들의
놀이터처럼 배치된 톰
클라센의 〈Rocky Lumps〉
05 크뢸러-뮐러 미술관
조각공원의 산책로

산책로의 입구

면, 마치 조르주 쇠라의 〈그랑드 자트 섬의 일요일 오후〉의 한 부분을 보는 듯한 느낌마저 든다. 160점이 넘는 조각품들을 저렇게 여유롭게 즐기는 사람들을 뒤로하고, 끝 모를 부러움과 보물찾기를 하는 기대감을 안고 수많은 조각을 찾아서 산책로를 따라갔다.

조각공원 입구에서 보이는 호수에 가면 방문객을 반기는 첫 조각품은 헝가리 출생 조각가 마르타 팬(Marta Pan)의 〈부유하는 조각, 오터를로〉(1960년작)다. 새하얀 모습이 부끄럼 많은 순결한 오리처럼 생겼고, 미세한 바람에 이는 물결에도 호수 이곳저곳으로 움직이며 사람들의 시선을 끈다. 호수의 조각이 미풍으로 움직였다면, 관람객은 그저 발이 향하는 곳으로, 조각품들이 보이는 곳으로, 조각품에 둘러싸여 여유 있게 관람하면서 말 그대로 공원을 자유롭게 산책하게 된다.

릿벨트 파빌리온과 알도 반 아이크의 파빌리온

이렇게 조각공원 구석구석을 돌아다니며 숲과 나무에 마주치다 보면, 조각공원이라기보다는 휴양림에 와 있다는 착각에 빠지기도 하고, 톰 클라센(Tom Claassen)의 〈Rocky Lumps〉(2006년작)에 걸터앉았을 때는 마치 어린아이가 되어 놀이터에 온 듯도 싶고, 장 뒤뷔페(Jean Dubuffet)의 〈Jardin d'Email〉(1974년작) 안으로 들어갔을 때는 미술관이 아닌 테마파크를 온 것은 아닐까 라는 의문도 생기면서 색색의 경험이 펼쳐지는 이 공간의 매력에 함뿍 빠져 훌쩍 시간이 지나가는 것도 잊게 된다. 정신을 차려보니 미술관이 문 닫을 시간이

미술관의 입구

다가오고 있었고, 꼭 만나보고 싶던 조각공원 속 파빌리온이 아직 남아 있었다. 데 스테일의 가장 중요한 작품으로 꼽히는 슈뢰더 하우스(Schroder House, 1924년 완공)를 설계한 건축가 헤릿 릿벨트의 파빌리온과 네덜란드가 낳은 거장 건축가 알도 반 아이크의 파빌리온이 바로 그것이다.

먼저 도착한, 조각공원 호수 변 서쪽에 위치한 릿벨트 파빌리온은 1955년도의 명성 그대로의 위엄을 뽐내고 있는 듯했다. 1955년 아른헴의 손스빅 공원에서 열린 제3회 국제 조각전시회에서 출품작을 전시하기 위해 만든 이 파빌리온은, 전시가 끝난 후 그냥 버려두기에 너무나 아까워 이곳 크뢸러-뮐러 조각공원으로 옮겨왔다고 한다. 조각을 품에 안던 건축물이 조각이 되어서 미술관과 공원의 품에 안기게 된 것이다. 60년 전 당시에 내걸은 '미래를 위한 디자인'이라는 모토가 대변하듯이 투명한 유리와 경쾌한 구조 프레임, 그리고 녹지와 건축을 경계 짓는 콘크리트 바닥과 벽이 만들어내는 명쾌하고 자유로운 경계가 오늘날에도 보는 이들에게 영감을 선사하고, 많은 이들의 사랑을 받고 있다고 하니, 시간을 가로질러 물성과 공간에 깃든 예술혼에 감동하지 않을 수 없었다.

이렇게 릿벨트 파빌리온을 뒤로 하고 조각공원에서 가장 멀리 떨어져 있는 알도 반 아이크 파빌리온으로 잰걸음을 옮겼다. 드디어 마주한 알도 반 아이크의 파빌리온은 릿벨트 파빌리온보다 투박스러워 보였다. 멀리서는 단지 투박한 벽돌로 높게 쌓아올린 곡선의 벽과 담장처럼 생긴 직선의 벽만이 보일 뿐이기 때문이다. 이 파빌리온 역시 1966년 손스빅 공원에 지어진 것으로, 콘스탄틴 브랑

쿠시(Constantin Brancusi), 한스 아르프(Hans Arp), 알베르토 자코메티 (Alberto Giacometti) 같은 세계적인 조각가의 작품을 전시한 임시 건축물을 2006년 이곳에 재현해놓은 것이라고 한다. 바깥에서는 다소 흥미 없어 보이던 4미터 높이의 평행축 여섯 개가 만들어내는 벽 사이의 공간으로 들어가면, 그 안에 숨은 흥미로운 이벤트와 전시들의 진면목을 보게 된다. 약 2.5미터 정도 되는 벽과 벽 사이의 공간이 연출하는 반원, 열린 공간, 통로, 시선, 쉼, 끝과 같이 끊임없이 연속되는 다채로운 공간 체험을 통해서, 벽과 벽 사이 켜켜이 놓여 있는 조각품들과 사람들, 그리고 자연과 대면하게 되기 때문이다.

바쁜 파빌리온 구경을 마치고 왔던 길을 되밟아 미술관을 나오면서 미술관 뒤편의 조각공원, 미술관 입구 앞 잔디 마당 곳곳에서 자기 집 거실에 누워 있듯이 시간과 공간에 구애받지 않고 미술과 자연을 즐기는 사람들, 조각품들과 자연을 벗 삼아 뛰노는 아이들, 그리고 조각 같은 건축, 건축 같은 조각을 다시금 눈과 머리, 그리고 가슴에 담았다. 아마도 크뢸러-뮐러 여사가 꿈꿔온 집과 같은 미술관, 집과 함께 공존하는 미술관이 이런 모습이 아니었을까? 자기 집 거실처럼 자기 집 마당처럼 즐겁고 편안하게 미술을 접하는 미술관, 동네를 산책하듯 작품과 자연과 어울려 노니는 미술관, 자전거를 타고 숲을 지나가면 도달하는 미술관, 사람들도 건축도 작품이 되는 그런 미술관……

01 크뢸러-뮐러 미술관 조각공원의 입구에서 서쪽에 있는 헤릿 릿벨트 파빌리온
02 릿벨트 파빌리온과 야외 조각품들
03 자유로운 벽들의 동적인 중첩 공간으로 구성된 릿벨트 파빌리온
04 릿벨트 파빌리온

01	
02	
	03
	04

산책로의 입구

11

일상 속 입구

로테르담
뮤지엄파크

❝　　로테르담은… 구름이 항상 많고, 바람이 많이 불고, 구름은 대부분 빨리 움직인다. 약간은 기분 좋은 날씨. 그리고 갈매기가 많다. 시끄러운 횡단보도와 신호등에는 거대한 시계 초침 소리 같은 것이 신호에 따라 '띠똑띠똑' 다른 소리를 낸다. 거리는 점잖은 편이지만 공사하는 곳이 많다. 로테르담 여기저기에 옛날의 것들이 사라지는 중이다. 이곳에는 중국 사람들이 많다. 그리고 사람들은 줄곧 자전거를 탄다……. ❞

　　김종관 감독의 영화 〈조금만 더 가까이〉(2010)에서 폴란드인 그루지엑(배우 필립 스벡)은 약혼녀 안나를 그리워하다, 그녀의 수첩에 적힌 전화번호로 무작정 전화를 걸어 서울에 있는 효서(배우 김효서)에게 자신이 사는 로테르담을 이처럼 묘사한다. 영화에서 묘사된 분위기에서 볼 수 있듯이, 로테르담은 제2차 세계대전 때 독일군의 폭격으로 온 도시가 크게 파괴된 후 상공업과 무역을 육성하고 국제적 기업을 유치하면서 다양한 인종과 문화가 혼재된 국제도시로 재건

로테르담 중앙역 2층에서 바라본 내부 광장

미술관의 입구

되었다.

인구 60만 명이 넘는 로테르담은 어느덧 네덜란드에서 두 번째로 큰 도시로 성장했다. 유럽의 경기 침체를 역변하듯, 유럽 유수의 무역항으로 성공적으로 증설된 외로포르트(Europoort)와 대내외로 뻗어가는 운하 사업을 배경으로 꾸준한 경제성장과 혁신적인 건축 및 문화 사업을 성공시키면서 세계의 수많은 도시 전문가 사이에서 모범적인 선진 사례로 부각되어왔다. 21세기에 접어든 첫 해인 2001년에는 유럽 문화 수도로,[53] 2015년에는 유럽의 올해의 도시(European City of the Year: Urbanism Award)로 선정되면서,[54] "돈은 로테르담에서 벌고, 덴하흐(네덜란드의 실질적 수도)에서 돈을 나누고, 암스테르담에서 돈을 쓴다"라는 네덜란드의 우스갯소리는 사라지고, '유럽으로 가는 통로', '세계로 가는 통로'라는 타이틀을 거머쥔 도시로 거듭나고 있다.

뮤지엄파크, 일상의 문화화 혹은 문화의 일상화

로테르담이 이토록 성장하게 된 데는 다양한 원동력이 있었겠지만, 혁신적인 건축 실험을 빼놓을 수는 없을 것이다. 로테르담은 네덜란드의 건축 수도로까지 불리며, 렘 콜하스의 OMA, MVRDV, 뇌텔링스 리데익(Neutelings & Riedijk), 에릭 판 에헤라트(Erick van Egeraat) 같은 저명한 거장 건축가의 사무소들을 유치하고 있다. 그러나 이곳이 네덜란드의 건축 수도라 불리는 것은 단순히 세계적 건축가를 많이 유치하기 때문만이 아니라, 도시와 건축, 도시 정책과 건축 문화 콘텐츠가 유기적인 상호연계성을 구축하여 건축이 단순한 산업적 생산품이 아니라 생활 전반에 영향을 미치는 창조문화로 성장했기 때문이다. 다시 말해서, 개별 건축가나 정부의 정책적 후원만이 아니라 '사용자', 곧 도시와 시민의 삶을 고양시키는 새로운 '사용 가치'를 만듦으로써, 건축 산업이 상생의 건축 문화 혹은 공공의 도시 문화로 거듭난 까닭이다.

로테르담은 이런 유기적인 상호관계를 발전시키며, 건축, 예술, 역사, 디자인 등 다양한 공공문화 콘텐츠를 통해 도시를 축제의 장이자 문화의 거점으로 성장시키고 있는 듯하다. 건축 분야만 하더라도 로테르담 국제 건축 비엔날레(IABR: International Architecture Biennale Rotterdam), 로테르담 건축 영화제(AFFR: Architectuur Film Festival Rotterdam), 네덜란드 건축관(NAi, 현재는 The New Institute, 1993년 개관), 도시 자전거 투어 등 다양한 건축 문화 콘텐츠가 도시 전역에 포진되어 있으며, 이벤트가 개최될 때마다 로테르담 구석구석이 도시의 무대, 전시장, 영화관으로 탈바꿈되어 건축 문화가 도시 전체에 스며들고 시민 누구나 건축을 접하고 소통할 수 있는 장면이 여기저기서 연출된다.

특히 이 도시 한복판에 자리 잡은 뮤지엄파크(Museumpark, 1988~1994년 완공)는 로테르담에서 둘째가라면 서러울 이벤트 공간이자 일상의 공간이며, 여러 문화공간을 연결하는 공유 공간이자 지역과 지역을 연계시켜주는 핵심적인 매개 공간의 역할을 하고 있다. 이곳은 교통의 관문인 중앙역, 무역의 관문인 로테르담 항과 더불어 이 도시를 온전히 이해할 수 있는 핵심적인 입구 세 곳 가운데 하나인 문화의 관문이라고 할 수 있다.

교통의 관문인 로테르담 중앙역은 2014년 3월, 10년 동안 진행되던 공사가 마무리됨으로써 현대적인 열차역으로 거듭났고 2025년에는 방문객이 하루 평균 32만 명 이용할 것으로 예측되고 있다. 무역의 관문 로테르담 항 역시 혁신적인 그린포트 개발계획을 성공적으로 수행함으로써 4.5억 톤의 화물량을 자랑하는[55] 유럽 최고의 무역항이자 세계 최고 수준의 부가가치를 생산하는 항구로 성장할 것으로 기대되고 있다. 공원을 중심으로 다양한 문화시설이 집결된 문화 클러스터이자 도시의 남북 보행 축을 잇는 연결고리에 위치를 점한 문화의 관문 뮤지엄파크는 현재 급변하는 사회적 요구에 대응하고자 거점 문화시설의 혁신적인 레노베이션과 프로그램 확충을 통해서 대대적인 변화를 시도하는 중이다.

세계 최초로 문화 권리를 천명한 도시 로테르담. 이 도시의 문화의 관문이자 변화의 중심인 뮤지엄파크를 찾아서 로테르담 중앙역을 빠져나왔다. 도시로 열린 거대한 창과 캐노피가 만들어진 남측 방면 출구로 나오면, 앞으로 길게 뻗은 잔잔한 운하 변 가로가 펼쳐진다. 남북으로 형성된 가로 덕분에 길은 항상 밝고 활기찬 느낌이지만, 가로 중앙의 수로는 잔잔한 물과 녹음 그리고 때때로 마주치는 야외 조각품 덕분에 느림과 고요를 느끼게 되는 묘한 재미가 있는 길이다. 데 스테일 예술운동의 원리가 전면에 표방된 '카페 드 유니'(Cafe de Unie)를 비롯한 상점들을 구경하거나, 가끔은 벼룩시장이나 공연 혹은 축제가 열리는 이 길을 걷다 보면, 곧이어 비테 데 비트(Witte de With) 맞은편의 '보에이만스 미술관'(Boijmans van

미술관의 입구

Beuningen Museum, 1849년 개관) 앞에 이르게 되고, 여기서 시작하는 갈림길은 최근 네덜란드 건축관에서 더 뉴 인스티튜트로 개명한 창조산업 지원센터로 이어진다. 이제 뮤지엄파크 북쪽 경계에 위치한 두 거점 시설에 도달한 것이고, 북쪽 관문(더 뉴 인스티튜트)과 동쪽 관문(보에이만스 미술관)에 들어선 것이다.

시끌벅적한 젊은 예술가들의 아지트와 음식점이 밀집한 비테 데 비트를 지나쳐온 터라 보에이만스 미술관과 더 뉴 인스티튜트 사이에 잠시 서서 여유로운 시선으로 주변을 돌아보았다. 노부부가 팸플릿을 집어 들고 미술관에 입장하는 모습, 학생들이 자전거를 타고 뮤지엄파크를 통과해서 어디론가 달려가는 모습, 가족 단위로 더 뉴 인스티튜트 카페에서 식사를 하거나 뮤지엄파크로 산책을 나가는 모습, 뮤지엄파크 앞에서 누군가를 기다리는 사람들, 가이드가 도시 자전거 투어를 하는 그룹과 어울려 주변 공간에 대한 이야기를 풀어내는 모습까지 뮤지엄파크를 중심으로 각양각색의 활동이 일상다반사로 일어난다. 두말할 나위 없이 이렇게 여러 가지 활동이 문화 시설에 침투해 들어갈 수 있던 것은 공원에 인접한 주거지와 학교, 상가가 이 커다란 공원을 공유하고 있고, 공원으로 들어가는 각각의 관문에 문화시설을 배치해서 자연스럽게 문화 체험의 빈도와 밀도를 높였으며, 나아가 공원을 통과하는 보행로를 도시의 거점 보행 네트워크와 긴밀하게 연계시켰기 때문이다. 공원을 나무가 심어진 관조의 공간이라고 생각하는 대신 활동의 공간이라고 생각해보자! 문화가 일상에 더 가까이 다가오게 될 것이다.

일상의 문화화 혹은 문화의 일상화랄까? 공원이나 광장 같은 공공 공간을 중심으로 여러 문화시설을 집적시키고, 이들 문화공원 (혹은 문화광장)을 도시 보행 네트워크의 거점으로 만들어가는 혁신적인 공간 구성 방식이 적용된 뮤지엄파크는 1980년대 로테르담 도심 재생 방안의 하나로 구상된 것으로, 기존의 문화 밀집 지역을 도시 전체로 확산시키고 이를 통해서 지역 이미지와 도시 구조를 재구성하려는 의도에서 출발했다. 이런 내용은 1985년부터 1990년까지의 로테르담 도심 재생 방안을 담은 시 당국의 '도시 중심부 계획안'에 잘 드러나 있다. '공원 삼각형'(Park Triangle) 계획안으로도 불리는 이 마스터플랜은 도심을 세 권역으로 나누고 이들 권역이 서로 만나고 중첩되는 노드(node)에 문화시설을 둠으로써 주거지를 비롯한 일상적 공간 사이에 자리 잡은 문화공간이 문화를 일상에 자연스럽게 스며들게 만드는 일종의 관문 공간이자 매개 공간으로 기능하도록 했다. 다시 말해, 늘 오가는 통로와 입구에 문화공간을 두어 문화가 일상에 한층 다가서도록 한 것이다.

이렇게 해서 1988년 공원 삼각형의 중추인 뮤지엄파크에 대한 마스터플랜이 본격적으로 시작되었다. 이 마스터플랜을 담당한 건축가가 이후에 세계적인 건축가로 성장한 렘 콜하스다. 그는 이브 브루니에(Yves Brunier)와 함께 뮤지엄파크를 문화 공간들의 거대한 공유 정원이자 로비로 디자인했다. 하지만 이 공유 공간은 암스테르담의 뮤지엄 광장처럼 단일한 녹지 공간으로 계획된 게 아니라, 마치 네 개 이상의 서로 다른 장소들이 연결된 일종의 징검다리 공간처럼 느껴지도록 디자인되어 있어서 걷는 재미와 보는 재미가 남다르다. 그래서 공원을 남북으로 가로지르다 보면 차분하고 정적인 공

미술관의 입구

01	04	
02	05	06
03		

01 뮤지엄파크에서 쿤스탈 미술관과 연계되는 공원 풍경
02 서부 해안제방(Westzeedijk)에서 바라본 쿤스탈 미술관
03 쿤스탈 카페의 풍경
04 쿤스탈 미술관을 통과하는 내부 차량 동선과 카페, 반대편 도로의 모습
05 네덜란드 건축관과 쿤스탈을 이어주는 보행다리에서 앞뒤로 본 풍경

미술관의 입구

01		
02	03	04	05

간에서 밝고 화사한 공간으로, 그리고 다시 수수하지만 생동감 있는 공간으로 바뀌어가는 풍경의 변화가 마치 건축 내부의 서로 다른 방들을 거쳐가는 것만 같은 느낌을 받곤 한다.

네덜란드 건축관과 쿤스탈, 빛을 투과하고 반사하다

이렇게 남북 방향으로 징검다리처럼 이어지는 외부 공간의 양끝에 위치시킨 문화 거점 시설이 바로 북측 관문인 네덜란드 건축관과 남측 관문인 쿤스탈이었고, 이렇게 해서 새롭게 조성될 공원(440×130미터)이 양 끝단의 신축 건물과 기존 건물 보에이만스 미술관, 로테르담 자연사박물관, 하봇 박물관들로 둘러싸인 형태로 배치된 것이다.

이후에 네덜란드 건축관은 요 쿠넌(Jo Coenen)이, 쿤스탈은 렘 콜하스 자신이 건축 설계를 맡게 되었는데, 마스터플랜은 쿤스탈을 빛을 투과하는 박스로, 네덜란드 건축관을 삼각형 프리즘 형태의 빛을 반사하는 듯한 이미지로 형상화하고 있다. 그리고 그 사이의 공원은 이 두 건물 사이에서 형형색색의 빛을 투영하는 듯이 표현되어 있다. 실제로 뮤지엄파크는 쿤스탈에서 입장할 때와 네덜란드 건축관에서 입장할 때 상당히 다른 느낌을 받게 된다. 조경과 높낮이, 건축물의 배치 방식 등이 서로 대조되는 방식으로 디자인되었기 때문이다.

일례로 요 쿠넌이 설계한 네덜란드 건축관은 가로 쪽에서 작은 다리를 통해 진입하는 중앙 홀 공간을 중심으로 독립적인 볼륨으로 구성된 전시, 연구, 교육, 사무 공간이 연결되어 있는 공간 구성 방식

미술관의 입구

을 사용한 반면, 렘 콜하스의 쿤스탈은 커다란 기하학적 볼륨 안에서 통과 동선 부분을 덜어내서 동선이 건물을 관통하는 형태로 디자인되었다. 전자가 동선에 공간을 '덧붙이는 방식'이라면, 후자는 동선 공간을 '파내는 방식'으로 설계된 것이다. 한편, 네덜란드 건축관은 거울 연못을 포함하는 넓고 평탄한 광장에 있는 반면, 쿤스탈은 도로의 비탈면을 입체적으로 활용하는 방식을 사용해서 볼륨이 만들어졌다. 쿤스탈 남측은 제방 도로에 접한 비탈면이고 도로 건너편 신도시 개발 지역과 연결되는 결절부인 반면, 제방 도로보다 약 6미터 낮은 높이의 북측 경계부는 뮤지엄파크와 로테르담 자연사박물관에 대면해 있는 이중적인 지형 조건에 대응해서 서로 다른 높이의 공간들을 연결하는 경사로를 만들고, 이 연속된 경사로가 볼륨이 되는 특이한 공간 구성 방식을 채택했기 때문이다. 네덜란드 건축관이 건축 공간을 길로 연결한 것이라면, 쿤스탈은 길의 연결이 건축 공간이 된 것이라고도 볼 수 있다.

이렇게 대조되는 공간 구성 방식이 사용되었지만, 두 건물 모두 흐름을 공간으로 형상화하고자 했다는 공통점이 있다. 차이가 있어야 흐름이 있을 수 있듯이, 대조적인 양단의 관문이 있어서 두 공간을 잇는 외부 공간이 흐름을 담는 징검다리 같은 공간으로 계획될 수 있던 것이다. 이제 이 연속된 차이의 시퀀스를 체험하러 쿤스탈에서 네덜란드 건축관으로 걸어가보자!

쿤스탈 주변에는 건축물 외관과 유사한 느낌을 주는 하얀색의 자갈이 깔려 있고, 이곳을 지나면 연못과 냇가를 둘러싸며 빼곡히 자리 잡은 형형색색의 꽃과 풀들이 반긴다. 이 꽃밭과 풀밭은 작은

01 쿤스탈 미술관을
   관통하는 보행
   동선이 닫힌 모습
02 쿤스탈 미술관을
   관통하는 보행
   동선을 통해 보이는
   전시 정보와 건너편
   도시 풍경
03 쿤스탈 카페 내부
   모습

미술관의 입구

다리를 통해서 지름길로 질러가거나 좁은 길들을 거쳐 에둘러 갈 수 있다. 육교로 가로질러 가면 검은 아스팔트 바닥으로 만든 넓은 플랫폼이 맞이한다. 콘서트, 카니발, 미술전시 등 다양한 이벤트가 열리는 장소로, 이곳 밑에는 네덜란드 건축가 파울 더라위테르(Paul de Ruiter)가 설계한 지하 주차장이 자리 잡고 있다. 북측으로 더 올라가면, 넓은 평지가 등장하고 질서정연하게 줄지어 심어진 사과나무들과 주변 풍경을 반사하며 서 있는 스테인리스 스틸 담이 네덜란드 건축관 앞 광장으로 동선을 유도한다.

네덜란드 건축관의 루드 브로우에르(Ruud Brouwer)는 이 공원을 두고 명백히 인공적인 도시 공원이라고 했다는데, 너무나 동감이 되는 말이 아닐 수 없다. '자연' 대신에 '일상'이, '관조' 대신에 '활동'이 핵심에 놓이기 때문이다. 그리고 일상적 활동이 담겨서 방이 되고, 방이 연결되어 길이 되고, 길이 공간이 되어 미술관이 되고, 미술관이 모여서 공원이 되었다는 사실에 실감하게 된다. 왜일까? 답은 의외로 간단하다. 쿤스탈을 관통하면서 유리 벽면 너머로 보이는 전시 콘텐츠를 마주하는 순간, 그리고 네덜란드 건축관을 관통해서 로비 아래로 보이는 전시 콘텐츠를 발견하는 순간이 바로 해답이기 때문이다. 앞 동네와 뒷동네를 연결하는 길을 걷다 보면 이 도시에서 벌어지는 주요 미술 전시며 문화 행사를 모르려야 모를 수가 없다. 주차장에 주차하고 나들이를 나오면 공연을 볼 수 있고, 잠시 쉬러 카페를 찾으면 그곳이 바로 쿤스탈의 카페고 네덜란드 건축관의 카페니 자연스럽게 미술관을 들르기 십상이다. 말 그대로 '길 위의 예술'이고 '길 위의 인문학'이 아닌가!

이렇게 뮤지엄파크는 단순히 미술관 앞 공원이 아니라, 주변의 미술관과 박물관과 긴밀하게 연계된 그 자체가 하나의 '열린 미술관'으로 계획되었고, 도시의 컨텍스트가 만들어낸 여러 갈래의 길은 시민들의 일상을 자연스럽게 문화와 접목시키고 있다. 그래서 이곳을 걷다 보면 이곳저곳에서 근사한 조각품을 만날 수 있고, 행위예술 하는 사람, 콘서트를 여는 인디밴드 등 여러 사람들과 다양한 문화 행위를 접할 수 있다. 주변을 둘러싼 주거지, 대학교, 상업가, 예술가들의 아지트들에서 다양한 종류의 일상이 스며드는 까닭에 단조로운 활동으로 획일화되는 법이 없다. 관조의 풍경 대신 다양하고 동적인 활동이 사방에 있는 문화의 관문들로부터 저마다의 외부의 방들로 빠져나오는 터라 공원은 언제나 활기찬 느낌이다.

앞서 이야기했듯이, 네덜란드 건축관이 2013년 1월부로 '더 뉴 인스티튜트'로 그 명칭이 바뀌었다. 기존의 건축관과 프렘셀라 디자인 · 패션 연구소(Premsela: the Netherlands Institute for Design and Fashion) 그리고 가상 플랫폼 e-문화 지식연구소(Virtueel Platform, the e-culture knowledge institute)를 통합해 하나의 창조산업 지원시설로 재탄생했기 때문이다. 변화된 역할에 따라서 뮤지엄파크가 담아내는 외부의 활동도 더욱 다변화되고 폭넓어질 것으로 예상된다. 아울러 몇 년 후에는 MVRDV가 디자인한 보에이만스 미술관의 증축동인 '공공예술창고'(PUBLIC ART DEPOT MBVB)가 완공되어 뮤지엄파크를 거울처럼 반사시키고 높은 공중정원에서 내려다보는 색다른 경험을 선사하면서, 더 뉴 인스티튜트와 보에이만스 미술관이 위치한 북동측 관문이 더 활기찬 공간으로 변화될 것으로 기대된다. 비

미술관의 입구

01 공연이 열린 비테 데 비트
거리의 풍경
02 뮤지엄파크 내 대형 스크린을
설치하여 영화를 관람하는 풍경
(뮤지엄 나이트)

록 조금씩 채워져가는 뮤지엄파크가 못내 아쉽지만, 네덜란드 특유의 실용적인 동시에 혁신적인 해석과 접근으로 지속적으로 건축과 도시를 관리해가는 그들만의 문화가 부럽지 않을 수 없었다. '공공시장'(public market)과 '공동주택'을 결합한 완전히 새로운 도시 기반시설을 만들어, 하루 2만 4,000여 명의 방문객을 끌어모으는[56] MVRDV의 마켓홀(Markthal, 2014년 개관) 프로젝트처럼, 뮤지엄파크의 새로운 관문이 문화의 일상화를 더욱더 적극적으로 해석하고 구현하기를 기대한다.

미술관의 입구

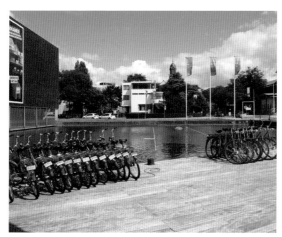

01 네덜란드 건축관

02 네덜란드 건축관에
도시 투어를 온
견학생들의 자전거

03 네덜란드 건축관
3층에서 바라본
뮤지엄파크의
조경물

12
공유하는 입구

관용과 자유의 도시, 유럽 대륙의 관문 도시 암스테르담에 도착했다. 들뢰즈와 가타리가 리좀적인 도시라고 말한 곳답게 도시 구석구석까지 이어진 운하와 골목골목을 잇는 길을 따라 걷다 보면 이질적인 공간들이 수많은 경로로 연결되어 도시 전체가 하나의 유기체처럼 숨 쉬는 느낌이 든다. 마치 혈액을 따라 흐르는 혈소판과 같이 도시의 심장박동을 느끼며 걷고 있다고나 할까? 끊어질 듯 연결되는 색다른 공간들에 감탄하며 걷다 보면, 이 도시는 서로 다른 시공간으로 접속되는 무한한 출입구를 갖는 열린 미로라는 생각이 든다. 그리고 미로를 빠져나와 새로운 장소와 조우하는 순간, 웜 홀을 가로질러 지금 여기에 와 있는 것은 아닌가 하는 착각에 빠지곤 한다.

　어떤 길이 웜 홀 같은 길일까? 다양하고 이질적인 공간들을 에둘러 가거나 하나하나 거쳐가는 대신에 곧장 가로지르거나 관통해서 갈 수 있는 지름길에 비유할 수 있을 것 같다. 특히 특정한 곳만 아니라 관계된 장소를 모두 가로질러 관통해갈 수 있다면 이런 공간

1 Rijksmuseum
2 Van Gogh Museum
3 Van Gogh Museum Extension
4 Van Gogh Museum New Entrance
5 Stedelijk Museum
6 Stedelijk Museum Extension
7 Concertgebouw
8 Museumplein

Combinatievlag
Combination Flag

Nieuwbouw Rijksdiensten ROB/RDMZ
New Offices for Agencies ROB/RDMZ

Architectuur en Bedrijventerreinen
Architecture & Business Parks

De Nieuwe Hollandse Waterlinie
The Nieuwe Hollandse Waterlinie

Deltametropool
Delta Metropolis

Particulier opdrachtgeverschap
Private Commissions

Het Nieuwe Rijksmuseum
The New Rijksmuseum

Routeontwerp Rijksweg A12
A12 Motorway Route Design

Openbare Ruimte in Revisie
Revision of Public Space

Reconstructie Zandgebieden
Restructuring of the Sandy-Soil Areas

Zuiderzeelijn
Zuiderzee Line

01

02

01 암스테르담 뮤지엄 광장의 배치도
02 10개의 대규모 모델 프로젝트 상징기

미술관의 입구

이야말로 3차원 세계의 웜 홀이라고 말해도 무방할 것이다. 바로 그런 공간을 찾아서 암스테르담이 자랑하는 뮤지엄 광장(Museumplein)으로 발걸음을 옮겼다.

뮤지엄 광장, 미술관의 거실이자 도시의 거실

뮤지엄 광장은 양파 껍질처럼 겹겹이 자리 잡은 물길로 연결된 구도심이 폰델 공원(Vondelpark)과 같은 녹지 및 오픈스페이스와 접하는 도심 한복판에 있다. 한 해 무려 4,000만 명의 관광객이 찾는 네덜란드 문화·예술의 중심지 암스테르담에서도 이 광장은 가장 많은 사람이 찾는 장소 가운데 하나다. 거장 렘브란트의 〈야경〉이 전시된 레이크스 미술관(Rijksmuseum, 왕립미술관, 1885년 개관)을 비롯해서 천재 화가 반 고흐의 삶과 예술을 오롯이 만날 수 있는 반 고흐 미술관, 그리고 유서 깊은 스테델레이크 미술관(Stedelijk Museum, 시립미술관, 1895년 개관)과 세계적인 공연이 펼쳐지는 콘세르트헤바우(Concertgebouw: 암스테르담 음악당) 같은 내로라하는 문화·예술 시설이 나란히 혹은 마주하면서 이곳을 둘러싸며 위치를 점하고 있다.

구도심에서 걸어서 뮤지엄 광장으로 진입하려면 레이크스 미술관을 관통하는 길이 가장 빠르다. 뮤지엄 광장의 머리요 관문이라고 할 수 있는 이 레이크스 미술관을 정점으로 여러 문화·예술 시설이 광장을 에워싸며, 남측으로 뻗어나가는 형태로 도열해 있기 때문이다. 그런데 이 근사한 지름길이 십여 년에 걸친 증개축 공사로 닫혀 있다가 2013년에야 비로소 그 문이 다시 열렸다.

네덜란드 제3차 건축정책 '네덜란드 만들기'(2001~2004)에서 국가 역량이 집중되는 열 가지 대규모 모델 프로젝트 가운데 하나로 레이크스 미술관 증개축 프로젝트가 선정되었고, 2001년 일곱 명의 건축가를 초빙한 국제 지명 현상공모를 통해서 스페인 건축가 크루스 & 오르티스(Cruz y Ortiz)의 설계안이 당선작이 되었다.[57] 당초 지명공모에서 제시된 디자인 지침은 공간 간의 접근성 강화와 복합화, 그리고 광장을 중심으로 하는 도시적 연계성 강화를 핵심 조건으로 제시하고 있으며, 특히 피에르 카위퍼르스(Pierre Cuypers, 1885년에 완공된 기존 건물의 건축가)의 본래 의도를 존중할 것을 요구한다.

당선작 크루스 & 오르티스의 디자인은 카위퍼르스가 설계한 日자형 건물 양편의 내부 중정과 지상층의 통과로(underpass)를 입체적으로 연결하고 복원해 다양한 프로그램을 갖춘 새로운 입구 홀을 만듦으로써, 건물을 관통하여 뮤지엄 광장으로 이어지는 뮤지엄 거리(Museumstraat) 축을 따라 접근성과 사용성을 강화한다는 것을 주요 골자로 하고 있다. '길 위의 입구'라고 할까? 자전거와 사람들이 어우러져서 저마다 미술관 앞 광장이나 도심을 향해 건물을 관통해 지나가는 모습도 색다른 경험이지만, 다시 열린 이 길의 가장 흥미로운 점은 새롭게 마련된 선큰 형태의 지하층 홀에 있다. 레이크스 미술관 안의 수많은 전시실로 닿는 지름길들이 이 공간에서 출발하고, 이 공간을 통해 서로 연결되기 때문이다.

건축가는 날마다 늘어나는 전시품 때문에 너도나도 미술관 건물을 바깥으로 증축해나가는 방식에 과감히 도전장을 던진다. 길 위의 입구를 입체적으로 만듦으로써 내부로 확장하는 방식을 제안한 것이다. 그 비밀의 답안은 이렇다. 모든 방에는 각각의 방에 접근하기 위한, 이를테면 복도와 같은 공용 공간이 필요하다. 그런데 방들을 공용 공간으로 연결해서 바깥으로 확장해나가는 흔한 방식 대신에 공용 공간을 중심에 놓고 방들로 에워쌈으로써 말 그대로 공용 공간을 공유하는 방식을 선택한 것이다. 카위퍼르스의 중정을 활용해 미술관의 방들이 공유하는 새로운 공용 공간을 만들고, 기존의 공용 공간에서 불필요한 것을 덜어내 덜어낸 만큼을 전시 공간으로 사용한다는 것이 크루스 & 오르티스의 생각이다. 영화 〈빽 투 더 퓨쳐〉(1985)에 등장하는 스포츠카 드로리안이나 〈엑셀런트 어드벤쳐〉(1989)에 등장하는 공중전화부스처럼 새롭게 디자인된 지하 홀은 관람객을 서로 다른 시간과 공간에 빠르게 연결시켜준다. 마치 하드디스크 공간을 압축해서 유효 디스크 공간을 늘리는 것과 동일한 방식으로 반복되는 부분을 하나로 끌어모아 여러 흐름이 중첩된 하나의 통합 공간을 만들어낸 것이다.

　　새로운 지하층 입구 홀은 현관이자 모든 방에 면한 큰 거실과 같아서 한 지점에서 다른 지점으로 가기 위해서는 이곳을 가로질러야 한다. 더욱이 선큰 중정 속에 또 다른 선큰 중정이 배치된 독특한 방식으로 입구 홀 아래의 공간들과 도시 축 선상에 놓인 지상층 통과로까지 3개층이 입체적으로 연결되어 있어서, 여러 층에 걸쳐서 다양한 활동이 한눈에 드러나 보이고 접근된다. 미술관의 거실이자 도시의 거실로서 기능하는 데 손색이 없다. 여러 가지 흐름을 얽히지 않게 중첩시키고, 다양한 행위가 벌어질 수 있도록 매개하는 거실과 같은 입체적 중정이 통합적인 동선을 유도하는 연결고리로 작

01 뮤지엄 광장 쪽에서 레이크스 미술관 남측 입구를 바라본 풍경
02 도심 쪽에서 바라본 레이크스 미술관 북측 입구
03 통과로에서 내부 중정을 바라본 모습과 내부 중정에서 통과로를 본 모습
04 입체적인 연결의 공간인 내부 중정
05 레이크스 미술관의 렘브란트 전시실

미술관의 입구

01	02	
		03
04	05	

공유하는 입구

동하는 것이다.

렘브란트의 명작 속에서 숨쉬는, 빛과 어둠이 연출하는 숨막히는 진동을 뒤로하고, 상쾌한 공기를 흡입하러 미술관 뒤편 뮤지엄 광장으로 길을 나섰다. 남쪽으로 넓게 뻗은 광장의 배치 덕분에 미술관을 빠져나가는 길은 언제나 햇살로 충만하고 발걸음은 홀가분하다. 사실 레이크스 미술관과 뮤지엄 광장에 대한 기본적인 밑그림은 지금으로부터 20여 년 전인 1994년 한스 라위서나르스(Hans Ruijssenaars)가 계획한 마스터플랜에서 비롯되었다고 한다. 이후 지속적으로 카위퍼르스가 제시한 원안에 따라서 내부 중정을 복원하고, 뮤지엄 광장으로 연결되는 뮤지엄 거리의 축성을 강화하려는 노력이 이어진 것이다.

이런 밑그림에 따라서 1999년에는 조경건축가 스벤-잉바르 안데르손(Sven-Ingvar Andersson)에 의해 뮤지엄 광장이 대대적으로 재설계되었다. 그는 뮤지엄 광장을 광장 외곽에 자리 잡은 레이크스 미술관, 스테델레이크 미술관, 반 고흐 미술관, 음악당 같은 문화시설로 들어서는 공통의 관문 혹은 공통의 거실로 재정의하고, 광장을 등지고 주택가를 마주 본 입구로 구성되어 막다른 접근 동선을 가지던 개별 건물을 광장 쪽에서 진입하게끔 함으로써 여러 문화시설이 광장을 중심으로 연계되는 방식을 제안했다. 그리고 이렇게 재정의된 도시적 규모의 거대한 입구 광장을 활성화하기 위해 공원 하부에 공공 주차장과 대형 슈퍼마켓을 배치하여 인접한 문화시설들을 지원하는 공동의 인프라로 기능하도록 했다.

이때부터 최근까지 이 광장을 중심에 두고 마련된 각종 계획안

미술관의 입구

01 뮤지엄 광장 중심에서 바라본 풍경
　　(스테델레이크 미술관, 반 고흐 미술관, 레이크스
　　미술관)
02 뮤지엄 광장의 남측 경계부 모습
03 광장 동측에서 바라본 스테델레이크
　　미술관(좌)과 반 고흐 미술관(우)
04 광장 서측 주택가 쪽에서 바라본 반 고흐
　　미술관과 스테델레이크 미술관 사이의 골목길

01	
02	03
	04

공유하는 입구

은 모두 안데르손이 계획한 '광장의 거실화'의 연장선상에 있다고 말해도 과언은 아닐 것이다. 광장의 거실화는 결국 더 많은 사람이 공유하는 활기찬 공공 공간 만들기나 다름없다. 이를 위해서 레이크스 미술관의 지하 홀 공간처럼 여러 가지 활동에 연결되고 자유롭게 접근할 수 있는 '길 위의 입구'가 요구되었고, 마주한 주택가로 길게 늘어선 대기줄을 따라 오도 가도 못하며 서 있는 대신에, 햇살이 가득하고 넉넉한 공간에서 여유롭게 드나들며 이곳저곳 노닐 수 있는 접근방식을 쫓아서, 주변 문화시설들의 입구를 광장 쪽으로 이동하는 작업이 순차적으로 진행되어왔다.

스테델라이크 미술관, 옛 미술관을 담아낸 욕조

2004년 현상공모를 거쳐서 2012년 완공된 건축가 번텀 크라우얼 (Benthem Crouwel)의 스테델레이크 미술관 증개축안 역시 주택가 쪽에 면해 있던 기존의 좁은 입구를 반대편 광장 쪽에 면한 거대한 입구로 180도 뒤바꾼 프로젝트다. 암스테르담 스히폴 공항과 공항 안에 있는 레이크스 미술관 분관(the Rijksmuseum at Schipol, 2002년 개관)의 설계자이기도 한 그는 마치 비행기 날개를 연상시키는 가볍고 거대한 캐노피 아래에 넓고 투명한 입구 홀을 계획하여, 기존의 19세기 네덜란드 르네상스풍의 건물 뒤편 광장 쪽에 덧붙였다. 전면 창을 통해 광장의 녹음이 눈앞에 펼쳐지는 입구 홀 안에는 뮤지엄숍과 레스토랑을 배치하는 한편, 비행기 몸통같이 생긴 캐노피 하부의 2층에는 강당과 전시 공간을, 기존 건물이나 지하층과 연결되는 부분은 마치 비행기 탑승교처럼 디자인함으로써 입구 홀에 들어서는 순간 과거로의 먼 여행을 떠나는 공항 로비에 들어온 듯한 설렘이 인다.

한편, 스테델레이크 미술관의 계획 과정에서 암스테르담 시의회는 폭증하는 현대미술 수장품을 수용하기 위해 각종 편의시설과 전시 및 교육 시설 등 방문자들이 빈번히 사용하는 공공 공간은 확장하되 비(非)공공적 기능에 해당하는 수장고, 아카이브 및 연구시설 등은 도시의 다른 곳에 분리하는 안을 제안했다고 한다.[58] 현실화되지는 않았지만 이 제안이 시사하는 바는 분명하다. 기하급수적으로 늘어나는 수장품의 종류와 양을 감당하기 위해서, 그리고 임차사업과 대여전시 등 늘어나는 교류 활동을 지원하기 위해서, 미술관 물류 시스템의 혁신이 단순히 수장고 면적을 늘여가는 일보다 훨씬 중요해지고 있다는 사실이다. 양보다 질이라고나 할까! 미술관은 한편으로는 물류센터로 변모하고 다른 한편으로는 체험의 공간으로 변화되어가면서 이질적인 공간 간의 새로운 조합을 모색해나가고 있다. 그런 면에서 공항 인프라를 중심으로 업무, 상업, 위락, 문화 시설 등을 결합한 공항도시(airport city)의 주창자인 벤텀 크라우얼이 설계를 맡은 것이나, 미술관이 마치 비행기처럼 보이는 것은 우연만은 아닐 것이다.

하지만 시민들에게는 '비행기'보다는 '욕조'가 더 와닿았나 보다. 그러고 보니 떠 있는 흰색 욕조를 더 닮아 있는 것 같다. 미술관 안에 소변기를 놓아둔 뒤샹을 쫓아서 미술관 밖에 욕조를 매달아둔 것일까? 뒤샹이 거기서 '샘'(Fountain)을 보았다면, 건축가는 무엇을

01 남측 가로에서 본 스테델레이크 미술관 증축동과 그 뒤편의 본동
02 역사적 흔적이 겹쳐져 보이는 입구 홀
03 광장과 가로로 연장되어 있는 레스토랑 테이블
04 스테델레이크 미술관 증축동의 전면부
05 스테델레이크 미술관 증축동 입구 홀 내부

미술관의 입구

본 것일까? 번텀 크라우얼은 욕조 같은 증축동 자체가 아니라 그 안에 담겨진 옛 미술관을 보고 있었다고 답한다. 도시를 배경으로 기존 미술관을 전시하는 커다란 흰 벽을 만들어낸 것이다.

    ❝   스테델레이크 미술관을 세계적으로 알린 빌럼 선드베르흐(Willem Sandberg) 관장 시기의 미술관이 우리의 출발점이었습니다. 빌럼 선드베르흐 관장은 미술관 내부 장식을 제거하고, 흰색을 칠해서 예술작품을 위한 중성적인 배경을 만들어냈습니다. 우리의 외부 계획 역시 21세기의 테크놀로지를 사용하고 샌드버그 시기의 모든 것을 하얗게 칠함으로써 19세기 건물을 유지하는 것이었습니다.[59]   ❞

이전 시기 스테델레이크 미술관이 예술작품이 주인공이 되도록 그 존재를 지우고 배경이 되었다면, '욕조'로 대표되는 새로운 미술관의 입구는 첨단 물류시설과 환경기술을 동원하여 기존의 미술관이 주인공이 되도록 하얗고 투명한 배경이 되고자 한다. 뮤지엄 광장과 판 바를레 거리(Van Baerlestraat)가 만나는 광장 안쪽 구석에 마련된 레스토랑에는 건축가의 이런 생각이 유머러스하게 표현되어 있다. 레스토랑 내부의 흰색 테이블은 가구라기보다는 조각을 연상시키는 육중한 모습으로 도열해 있고, 마치 행진하듯이 유리벽을 관통하여 외부 광장까지 이어져 있으며, 열과 열 사이의 거리는 옛 건물 입구 홀의 중심을 향해 뻗어간다. 건축물에서 가구에 이르기까지 모든 공간장치가 기존 건물을 도시에 연결시킬 목적으로 설계되었다는 사실을 마음먹고 드러내기라도 하는 듯 말이다.

레스토랑 앞 외부 테이블에서 북동쪽으로 시선을 돌려 레이크스 미술관 쪽을 되돌아보면, 도중에 타원형 건물이 눈에 들어온다. 이곳이 뮤지엄 광장을 중심으로 계획된 미술관 입구 프로젝트들 가운데 마지막이자 완결편인 반 고흐 미술관의 새로운 입구다. 스테델 레이크 미술관과 마찬가지로 반 고흐 미술관 역시 주택가 쪽에 면해 있던 기존 입구를 광장 쪽으로 돌리는 프로젝트를 구상했고 그 결과 기존 증축동의 선큰 광장을 유리 아트리움으로 바꾸고 엘리베이터와 계단실을 더해서 새로운 입구를 만들어냈다. 2015년 9월 개관식에는 새로운 입구 앞 뮤지엄 광장에 12만 5,000송이의 해바라기 꽃 담으로 만든 미로를 설치해서 방문객이 반 고흐의 강렬한 노랑과 햇빛이 가득한 길을 지나 새로운 입구에 도달하게 했다. 뮤지엄 광장에서의 진입을 이보다 더 드라마틱하게 연출할 수 있을까? 개관식에서 미술관 관장 악셀 뤼거(Axel Rüger)는 다음과 같이 말했다.

❝   새로운 입구, 개선된 물류 그리고 이 커다란 로비는 더 많은 방문객을 더욱 친절하게 맞게 합니다. 이제 우리 미술관도 주변의 모든 문화 시설과 마찬가지로 재정비된 뮤지엄 광장 쪽으로 입구를 둠으로써 제자리를 잡게 되었습니다. 최신의 유리 구조로 지어진 투명한 입구 홀은 반 고흐 미술관뿐만 아니라 뮤지엄 광장 전체의 진정한 자산이라고 하겠습니다.[60]   ❞

뮤지엄 광장의 진정한 자산으로 등극한 이 새로운 입구는 최근 마우리츠하위스 미술관(Mauritshuis Den Haag, 1635년 개관) 증축안

미술관의 입구

01 02 스테델레이크 미술관
증축동의 거대한 캐노피
밑에서 바라본 반 고흐
미술관의 새로운 입구

03 뮤지엄 광장 쪽으로
만들어진 새로운 입구
(우-본동, 좌-기획전시동)
사이의 공간

04 새롭게 정비된 반 고흐
미술관의 본동 입구

05 새로운 입구가 완성되기
이전의 기획 전시동 풍경

06 조감도로 본 반 고흐
미술관의 새로운 입구

07 헤릿 릿벨트가 설계한
본동 내부

08 한스 판 헤이스베이크가
설계한 입구 홀의 내부
풍경 ⓒRonald Tilleman

공유하는 입구

으로 널리 알려진 건축가 한스 판 헤이스베이크(Hans van Heeswijk)가 설계를 맡았다. 거대한 유리 아트리움 안에는 대규모 뮤지엄숍과 휴대품 보관소, 인포메이션 데스크를 비롯한 서비스 지원시설이 들어섰고, 그의 트레이드마크와 같은 유리 계단을 통해서 공중을 부유하는 듯이 경쾌하게 뮤지엄 광장과 연결된다. 이로써 구로카와 기쇼(黒川紀章)가 설계한 기획전시동의 선큰 연못(sunken pool)이었던 공간은 물 대신 사람들이 점유하는 장소로 탈바꿈되었고, 적막했던 관조의 공간은 만남과 회합의 공간으로, 그리고 막다른 공간이 연결의 공간으로 변화하게 된 것이다. 나아가 금요일 밤에는 유명 DJ가 진행하는 나이트클럽으로 변모한다고 하니, 확실히 밤낮으로 사람들로 분주한 동적 공간으로 바뀌었다는 말이 피부로 와닿는다. 높은 층고의 밝고 투명한 아트리움, 간결하고 투명한 동선, 가볍고 명료한 사이니지가 연속되는 모습 등 새로운 입구 역시 공항의 터미널을 보는 듯하다. 건축가는 설계의 주안점을 다음과 같이 말한다.

❝ 우리는 수많은 유리를 사용해서 새로운 입구가 가볍고 넉넉한 공간이 되도록 만들었습니다. 반 고흐의 수많은 그림에 반사되어 있는 그 햇살 가득한 화창한 공기를 붙잡아두고 싶었습니다. 그리고 우리는 유리 지붕을 위한 독특한 지지 구조를 개발했습니다. 알아채기 어렵지만, 공간에 들어서는 순간, 어떻게 유리 건물 전체가 지지되는 것일까? 궁금하게 되겠죠. 그리고 당신은 빛과 공간, 전망을 경험하게 될 것입니다. 간명함(clarity)이란 무척 중요할 뿐 아니라, 아마도 가장 중요한 것일 겁니다. 미술관은, 생애 처음 방문하는 외국인을 포함해서, 매일 수천 명의

미술관의 입구

01

02

03

01 스테델레이크
　　미술관 단면도
02 레이크스 미술관
　　1층 평면도 및
　　단면도
03 반 고흐 미술관
　　평면도

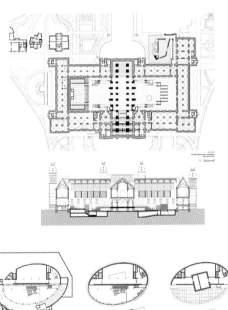

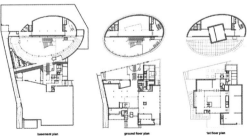

basement plan　　　　ground floor plan　　　　1st floor plan

방문객이 찾는 공공건물이라는 사실을 깨달아야 합니다. 간명함을 제공해야 하는 이유죠. 방문자는 어떤 것도 놓치기를 원치 않습니다. 어디로 가야 할지, 미술관 크기가 얼마나 되는지, 얼마나 더 봐야 하는지를 즉각 알 필요가 있습니다. 집처럼 편안하고 안락하게 느껴질 때, 더 오래도록 머물게 되고, 다시 방문할 의사가 생기는 것입니다.[61] ,,

면벽의 공간, 관조의 공간이 즉각 직관할 수 있는 연결의 공간으로 변해가는 것은 비단 미술관만의 변화상은 아닐 것이다. 하지만 확실한 것은 새로운 입구를 통해서 1973년 개관한 헤릿 릿벨트의 본동 건물과 1999년 개관한 구로카와 기쇼의 기획전시동, 뮤지엄 광장이 연결되었고, 일 년 365일 개방하는 레이크스 미술관, 스테델레이크 미술관, 반 고흐 미술관이 함께 공유하는 활기찬 뮤지엄 광장이 완성되었다는 점이다.

개관식이 끝나고 해바라기 12만 5,000송이는 뮤지엄 광장을 방문한 사람들에게 나누어주었다고 한다. 꽃다발을 안고 광장을 빠져나오는 사람들이 보는 공간은, 예전처럼 오래된 건물의 뒤통수가 아니다. 푸른 잔디와 햇살에 더욱 반짝이는 해바라기, 투명한 공간 너머로 보이는 역사의 켜, 다양한 이벤트를 즐기는 인파의 활기찬 움직임, 그리고 무엇보다 예술작품과 만나는 사건의 관문들이 눈앞에 펼쳐진다. 이 미래지향적인 공동의 마당 한복판, 미지의 세계로 연결되는 세 개의 입구 앞에 서서 '오래된 미래'란 이런 모습이 아닐까 즐거운 상상에 빠진다.

13
가능성을 지닌 입구

런던
대영박물관

런던은 오랜 시간 동안 잉글랜드의 수도로서 영국의 대표 도시였지만 오늘날과 같이 국제적인 대도시로 성장한 것은 19세기 무렵 대영제국의 전성기 시대였다. 또한 이 시기는 유럽 및 미국의 대도시들이 경쟁적으로 공공박물관이나 미술관들을 개관하던 시기였다. 이 시기 런던은 세계에서 가장 큰 대도시 중 하나로서 내셔널 갤러리(The National Gallery, London, 1824년 개관)를 비롯하여 많은 미술관과 박물관들이 생겼는데, 그중에서도 가장 규모가 크고 사람들에게 널리 알려진 것은 대영박물관일 것이다. 대영박물관(British Museum, 1753년 설립)은 볼거리가 많은 런던에서 연간 500만 명에 달하는 사람들이 방문하는 곳으로, 뉴욕의 메트로폴리탄 미술관(The Metropolitan Museum of Art)이나 파리의 루브르(The Louvre)와 함께 전 세계적으로 가장 큰 규모의 박물관 중 하나이다.

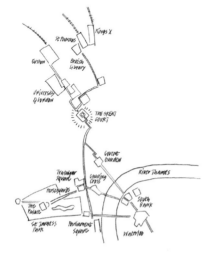

01 대영박물관 주 출입구 모습
02 대영박물관 주 출입구 전면 공간
03 대영박물관 중정(Great Court)과
런던의 주요 공공 공간 및
가로망과의 연계를 보여주는
개념도

미술관의 입구

대영박물관, 내부로 확장된 입체 광장

대영박물관의 주 출입구는 박물관의 남쪽에 있는 그레이트 러셀 스트리트(Great Russell Street)에 면하고 있다. 이 길에서 들어오게 되면 바로 건물이 시작되는 것이 아니라 건물의 앞쪽에 마당과 같은 패 넓은 공간이 있다. 이 공간은 좌우대칭 형태로 박물관에 들어서는 사람들은 대칭의 중심축을 따라 들어오게 된다. 이 축을 따라 들어오게 되면 사람들은 고대 그리스 신전과 흡사한 대영박물관의 전면을 마주 보게 된다. 대영박물관의 설계가 시작된 것은 1820년대이고 완공된 것은 1852년으로, 이 건물은 고대 그리스 신전을 지은 공법과는 별로 상관없이 19세기 공법에 따라 콘크리트 슬래브와 캐스트 아이언으로 지어졌다. 그럼에도 당시 고고학에서 고대 그리스의 유적들이 발굴되면서 그리스를 재발견하려는 움직임이 있었으며 건축에서도 고대 그리스 양식이 크게 유행하기 시작했다. 특히 이러한 고대 그리스 양식은 미술관이나 박물관을 비롯하여 공공건축물들에 많이 나타났다. 대영박물관의 경우, 계단을 통해 올라가게 되는 높은 기단, 반복되는 기둥들, 삼각형 지붕 형태의 페디먼트와 같은 고대 그리스 신전에 있는 요소들은 박물관에 들어오는 사람들에게 엄숙하고 긴장된 인상을 주게 된다.

박물관 입구 마당에서 보였던 좌우 대칭의 중심축은 입구를 지나 건물의 내부까지 이어진다. 처음 대영박물관이 지어졌을 당시 건물의 평면은 중앙의 중정을 4개의 동이 에워싸는 형태로, 박물관에 들어설 때 중심축은 입구 건물이 있는 남쪽 동의 중앙을 통과하여 중정의 중앙을 지나 북쪽 동까지 이어진다. 이 축의 끝에는 박물관의 북측과 맞닿아 있는 몬태규 플레이스로 이어지는 또 다른 출입구가 있다. 처음 지어졌을 때는 중정을 에워싼 ㅁ자 형태의 4개의 동으로 구성되었지만 이후 박물관이 점차 증축을 하게 되면서 동측과 서측, 북측으로 확장하거나 부속건물이 붙게 되어 박물관의 형태는 변화해왔다. 하지만 그 변화 과정 동안 건축물 전체의 얼굴을 만드는 남쪽 입구와 여기서부터 북쪽의 몬태규 플레이스로 이어지는 중심축은 그 동안에도 꾸준히 남아 있었다.

이 중정 공간은 원래 마당, 곧 외부 공간이었다. 건물의 평면에서 마당을 지나는 중심축은 계속 있었지만, 실제 사람들이 실내로 다니기 위해서는 4개의 건물들을 따라 ㅁ자 형태로 움직여야 해서 한동안 중정 공간은 빈 채로 있었다. 하지만 완공된 지 얼마 지나지 않아 기존 대영박물관 내 열람실(Reading Room)을 확장해야 할 필요가 생겼으며, 곧 비어 있던 이 중정 공간에 도서관과 함께 별도의 열람실 건물이 들어서게 되었다. 이 열람실은 지름이 약 42미터에 달하는 거대한 원형 평면을 가진 원기둥 형태의 건물이었다. 원형의 중심은 기존 남쪽 입구에서부터 북쪽으로 이어지는 축 위에 있어서 평면에서 볼 때 중정의 가운데 놓이게 되었다. 이 원형 건물이 이 자리에 생기게 되면서 원래 중정 마당은 사각형의 형태에서 원형을 제외하게 된 특이한 형태로 남게 되었다. 또한 중정 가운데 있는 열람실 자체가 일반인들이 자유롭게 열람을 할 수 있는 공간이 아니어서 이 중정 공간은 내부 마당으로서나 사람들의 이용이 활발한 광장으로서나 그 역할이 모호하게 되어 상대적으로 위축되었다.

미술관의 입구

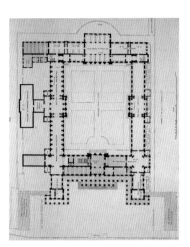

01 대영박물관 초기 평면
02 열람실이 생긴 후 대영박물관 평면
03 노먼 포스터의 리노베이션 평면

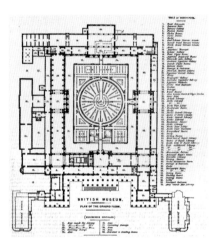

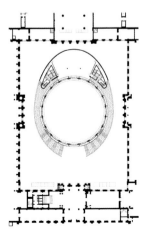

하지만 이 중정 공간에 변화가 생기기 시작한 것은 1997년 새로 도서관이 개관하고 열람실에 있던 대부분의 책들을 새로 생긴 도서관으로 이전하면서부터이다. 2000년 노먼 포스터는 원형의 열람실 건물과 ㅁ자형 중정의 가장자리를 따라 유리 지붕을 덮고 이 중정을 실내 공간으로 만들었다. 이 실내 공간은 원래 있던 4개의 동으로 이루어진 ㅁ자형 건물과 연결이 된다. 그리고 책들이 나간 열람실 건물은 인포메이션 센터나 뮤지엄숍, 문화도서관, 임시전시갤러리 등 보다 대중이 접근하기 쉬운 용도로 바꾸었다. 간단한 변화처럼 보이지만 이 중정 공간은 대영박물관에서 사람들의 움직임을 크게 바꾸게 되었다.

기존 대영박물관은 큰 규모에도 불구하고 사람들이 모이거나 머물 수 있는 적당한 공간이 없었다. 기존 중정 공간이 제대로 활용되지 못하면서 사람들은 입구에 들어서면 곧 전시물로 가득찬 방들과 복도를 계속 이동하도록 되어 있었다. 특별히 자신이 보고 싶은 전시물만을 보거나 휴식을 위해 마련된 공간들에 가기 위해서도 사람들은 계속 복도와 방들을 지나쳐서 움직이게 되어 있었다. 하지만 이제 남측에 있는 주 출입구로 들어서게 되면 기존 로비가 있던 곳을 지나쳐 바로 이 중정 공간에 들어서게 된다. 이 중정 공간에 들어서면 대영박물관의 4개의 동과 중앙의 원형 건물 등 박물관을 구성하는 건물들이 한눈에 들어오게 되고, 이곳에서 가야 할 곳을 선택해서 가게 된다. 더 매력적인 것은 만약 내가 군이 가고 싶은 곳을 선택하고 싶지 않다고 해도 과거 열람실이었던 원형 건물의 벽을 따라 목적 없이 빙글빙글 돌며 산책할 수 있게끔 되었다. 박물관 전시들을 보기 위한 관람자들의 동선을 조율하는 거대한 로비 역할을 하면서도 그 자체로도 사람들에게 매력적인 여유 공간이 된 것이다.

이 공간이 매력적인 산책 공간의 느낌을 주는 것은 이곳이 실내 공간의 느낌과 실외 공간의 느낌을 동시에 갖고 있다는 점에서 비롯된다. 중정 공간의 크기는 약 96미터×72미터에 달하며 면적으로는 약 6,000제곱미터가 넘는 거대한 공간이다. 이 공간을 설계한 건축가 노먼 포스터는 이 공간 전체를 물결치는 듯한 곡선 형태의 유리 지붕을 씌웠다. 이 곡선의 기본 형태는 원형 건물과 중정을 바라보는 4개 건물들을 서로 연결하는 모양으로 지붕이 각 건물들과 만나는 부분은 좀 낮게 처리가 되어 있고 그 사이의 빈 공간이 불룩하게 솟아오른 형태이다. 이 사이의 빈 공간은 불룩하게 솟아오른 지붕 덕분에 중정의 나머지 공간이 아니라 원형의 벽과 4개의 건물의 벽들, 유리 지붕으로 에워싸인 또 다른 독립적인 공간이 되었다. 이 비정형의 지붕을 받치기 위한 다이아몬드 형태의 그리드도 새로운 지붕의 형태를 아래 공간에서 뚜렷하게 인식할 수 있도록 해준다.

또한, 지붕에 투명한 유리를 사용할 경우 내부에 너무 많은 햇빛과 열이 들어오기 때문에 유리 표면에 작은 점들을 프린트하여 스크린 역할을 하도록 한 세심한 디테일도 눈에 띈다. 밑에서 바라볼 때 높은 위치에 설치된 이 유리 표면 위의 점들이 자세히 보이지는 않지만, 수많은 작은 점들 덕분에 중정 공간은 투명하면서도 뽀얀 빛으로 충만한 은은한 느낌을 준다. 유리를 통과하여 이 장소를 채우는 빛은 이 공간을 일반 실내보다는 훨씬 밝지만 외부에 비해서는 에워싸이고 안정된 느낌을 주는 공간으로 만들어준다. 이 공간을 돌

01	05
02	
03	04	06

01 주 출입구에서 중정 쪽으로 향한 모습
02 원형 건물 최상층의 카페에서 내려다본 풍경
03 노먼 포스터가 디자인한 중정의 지붕
04 가운데가 높고 가장자리 벽으로 갈수록 낮아지는
   지붕의 형태
05 중정 마당(Great Court)과 거대한 계단식 원형 건물로
   구성된 내부화된 외부
06 원형 건물을 따라 최상층 카페까지 이어지는 계단실과
   하부의 뮤지엄숍

아다닐 때 외부를 산책하는 느낌과 동시에 어딘가 들어와 있다는 느낌을 동시에 받게 된다.

한편, 이 사이 공간을 만드는 벽들 역시 중정 공간이 내부 공간이지만 외부 같은 느낌을 만들어내는 데 일조한다. 이 공간을 에워싸는 4개의 건물 벽면은 원래 외부 공간을 향해 있던 벽면으로, 남쪽 입구와 마찬가지로 그리스 신전 형태의 입구들이나 창문 등과 같은 요소들이 남아 있으며 이들은 이 사이 공간을 향하고 있다. 본래 건물의 외부와 내부를 연결했던 이러한 건축 요소들은 유리 지붕이 덮인 내부 중정 공간을 전시 공간들이 위치해 있는 4개의 건물 동이 함께 공유하는 외부 마당과 같은 느낌으로 대면하게 한다. 원형의 열람실 건물도 건물의 입구나 창문들로 인해 이 유리 지붕 덮인 내부 공간을 좀 더 외부 같이 만들어준다. 하지만 이 4개의 건물 벽들이나 원형 건물의 벽들은 이 공간에 있는 사람들을 차단시켜 버리는 것이 아니라 벽들 뒤에 있는 곳의 힌트를 주거나 이 벽 너머로 침투할 수 있는 기회를 준다. 북쪽 건물의 벽면에 있는 발코니, 원형 건물의 상층에 있는 테라스 공간은 마치 도시 속 길을 다니다가 발견하게 되는 발코니와 테라스 공간과 흡사하다. 원형의 열람실 건물 1층에 있는 뮤지엄 숍들도 마치 도시 가로를 걷다가 만나는 상점가와 같다. 열람실 둘레에 도열한 상점은 중정 공간을 향하여 기념품이며 디자인 상품들을 잔뜩 내어놓는다. 알록달록한 물건들로 이 '사이'의 내부 공간은 더욱더 도시적이고 매력적인 활기로 채워진다.

이 열람실 건물의 벽면을 따라서 거대한 외부 계단이 있다. 이 계단은 최종적으로는 원형 건물의 꼭대기 층에 위치한 레스토랑 및

미술관의 입구

01 원형 건물을
에워싼 계단에서
내려오면서 본 중정
02 전시장 내부에서
중정을 내려다보는
사람들
03 대영박물관 엘긴
마블(Elgin Marbles)
전시실

카페로 이어진다. 하지만 이 레스토랑까지 가는 것만이 목적은 아니다. 계단이 매우 넓어서 계단을 오르는 동안은 맨 위의 공간으로 서둘러 가는 통로라기보다는 사이 공간에서 배회하던 산책의 느낌이 계속된다. 계단 난간 너머로 아래의 사이 공간과 계속 연결되는 느낌도 받을 수 있다. 마지막 층에 도달하여 사이 공간을 내려다볼 경우 이 사이 공간을 채우는 다양한 사람들의 모습을 발견할 수 있다. 거기에는 자신이 원하는 전시 공간을 향해 바쁘게 움직이는 사람, 사이 공간 한 구석에 마련된 벤치나 노출된 카페에 앉아 쉬는 사람들, 바닥에 모여 앉아 선생님 말씀을 듣는 학생들 등 박물관을 경험하는 다양한 모습들이 드러난다. 이러한 모습들은 이 공간이 물건들을 전시하는 목적만 갖는 것이 아니라 마치 도시 속의 편안한 공원이나 광장처럼 보이게 한다.

몬태규 플레이스의 가능성에 주목하다

이 사이 공간이 건물 안에 있는 작은 광장과 같이 변하게 되면서 대영박물관 주변의 길들 역시 보행자를 중심으로 좀 더 활성화될 수 있는 기회가 되었다. 특히 북쪽 입구 쪽이 향하는 몬태규 플레이스의 가능성이 좀 더 크다. 과거 이 북쪽 입구는 박물관 건립 계획 당시 일반인들을 위한 입구로 생각하지는 않았다. 지금도 박물관 뒤쪽으로 상당히 넓은 공간이 있지만 버려진 장소와 같이 황량한 공간으로 남아 있다. 하지만 입지적으로 볼 때 주변 러셀스퀘어나 베드포드 스퀘어와 가까워서 많은 가능성이 있는 공간이며, 대영박물관 쪽에서도 최근 이 몬태규 플레이스 쪽으로 박물관을 확장하면서 기존의 무뚝뚝한 긴 벽에 새로운 디자인으로 된 건물들을 짓고 있다.

2008년 이 공간의 가능성에 주목하고 일시적이나마 이 공간에 활기를 부여했던 프로젝트가 진행된 적이 있다. 런던은 현재 매년 여름 런던 건축 페스티벌(LFA: London Festival of Architecture)을 진행 중이다. 런던의 건축을 시민에게 알리고 시민들의 참여를 유도하는 건축 문화 행사로 시민과 전문가들을 대상으로 하는 강연과 포럼, 전시와 워크숍 등 다양한 행사들이 진행된다. 2008년에는 장차 런던에서 발전 가능성이 있는 장소들을 찾아 이 장소에 활기를 더할 수 있는 방법들을 찾는 프로젝트를 진행했는데 그중 한 곳이 이 대영박물관 북쪽의 몬태규 플레이스였다.

런던 건축 페스티벌의 주관기관인 뉴런던아키텍츠(NLA: New London Architects)는 이 장소에 NLA 스카이워크(NLA Sky Walk)라는 지그재그 형태의 철로 된 160미터 보행가로 구조물을 만들었다. 보행가로 구조물이지만 보행보다는 지그재그의 형태가 만들어낸 영역들이 더 매력적인 프로젝트였다. 보행가로를 지지하기 위한 벽들이 여러 각도로 꺾이면서 작은 영역들을 형성하고 이 영역들은 공공장소 속에 작은 방과 같은 영역들을 만들어낸다. 대영박물관의 중정공간처럼 이곳 역시 외부 공간과 내부 공간의 성격을 동시에 갖는다. 기본적으로 외부 공간이지만 이를 둘러싼 벽들로 인하여 완전히 노출된 외부보다는 어느 정도 보호받는 내부 공간의 느낌을 준다. 이 영역들은 공연이나 전시 공간, 때로는 사람들의 휴식 공간으로 활용되며, 몬태규 플레이스가 사람들이 지나치기만 하는 영역이 아니라

미술관의 입구

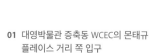

01 대영박물관 증축동 WCEC의 몬태규
플레이스 거리 쪽 입구
02 대영박물관 북측 몬태규 플레이스
거리 풍경
03 대영박물관 북측 몬태규 플레이스
거리 쪽 입구
04 북측에서 바라본 대영박물관. 오른쪽
아래에 WCEC가 보인다.
© Paul Raftery

가능성을 지닌 입구

01
02

미술관의 입구

사람들이 시간을 보내고 머물 수 있는 곳으로 변화시켰다. 또한 기존에 있던 나무와 같은 요소들을 활용하여 나무가 이 영역에 그늘을 드리우면서 공연을 위한 무대로 활용한 것은 아주 간단한 구조물이 장소와 만나게 될 경우 얼마나 효과적으로 이 장소를 사람들이 시간을 보내고 싶어할 만한 곳으로 바꿀 수 있는지를 보여준다.

이 보행가로 구조물은 비어 있는 땅에 사람들이 문화활동을 누리거나 휴식을 취할 수 있는 장소를 만들어준 것뿐만 아니라 아직까지는 적극적으로 이러한 활동에 참여하고 싶진 않지만 천천히 이곳을 지나치는 사람들에게 간접적으로나마 이러한 활동들에 참여할 수 있는 기회를 주기도 한다. 이 구조물 자체는 2개의 벽과 그 사이의 통로를 만들어주는데, 램프를 활용하여 이 통로의 바닥면을 지면보다 높였다. 이 바닥면을 지지하는 벽체가 바로 아래 지면에서 사람들이 활동할 수 있는 영역을 만들어주는 역할을 한다. 바닥면이 높기 때문에 이곳을 지나치면서 아래쪽에서 이루어지는 공연이나 전시 등의 활동들을 바라볼 수 있다. 때로 이러한 활동들이 흥미로워 보이면 멈추어 서서 같이 참여할 수 있다. 또 벽체의 일부는 벽 전체를 차단하는 것이 아니라 철망과 같은 재료로 덮었다. 이 재료로 인하여 벽의 안쪽과 바깥쪽은 구별이 되지만 철망 너머로 벽 뒤편의 사람들이 무엇을 하는지, 그곳에서 어떤 일이 일어나는지를 어렴풋이 알 수 있다. 심지어 램프를 타고 공중 보행가로로 올라서지 않더라도, 평상시와 같이 이 몬태규 플레이스를 지나치는 사람들에게 이 구조물에서 일어나는 일상과 다른 일들을 엿보게 한다. 목적이 있어 이곳을 찾는 사람들이나 또는 그냥 이곳을 지나치는 사람들

미술관의 입구

대영박물관 조감뷰

가능성을 지닌 입구

에게 이 장소가 버려진 장소가 아니라 사람들에게 가치 있는 장소라는 메시지를 전달한다.

대영박물관의 중정 공간이나 대영박물관 뒤편 몬태규 플레이스에 설치된 구조물들은 그 장소에 무언가 건축적인 장치를 만듦으로써 그 장소에 가치를 더했다. 두 장소 모두 이 구조물들이 생기기 전에는 많은 잠재성이 있었지만 그 잠재성을 살리지 못하고 도시 속에 방치된 공간들에 가까웠다. 하지만 지붕을 씌운다거나 공중보행가로라는 설치물을 통해서 이 장소들은 이곳에 있거나 지나치는 사람들에게 특별한 순간들을 선사한다. 특별한 기능이나 목적이 없어도 대영박물관이라는 거대한 문화공간이 이 장소들에 문화활동이 일어날 수 있는 막연한 가능성을 만들어내고 사람들을 불러모은다. 이 장소들은 도시 속 빈 공간이지만 다양한 교육 워크숍이나 게릴라 전시, 공연이 일어날 수 있는 가능성을 갖는다. 그리고 이를 위한 정해진 형태가 없어도 이러한 즉석의 문화활동들을 담을 수 있는 공간, 실내와 실외의 중간 지대로서 사람들이 머물 수도 있고 지나칠 수도 있는 공간을 만들어준다. 이 두 장소 모두 도시 속 빈 공간이 박물관이라는 시설과 함께 새로운 유형의 문화공간으로 탄생한 사례가 될 것이다.

미술관의 입구

14

공원 속 입구

서펜타인 갤러리와
서펜타인
새클러 갤러리

런던은 일찍부터 대도시 가운데서 넓은 공원들이 있는 도시로 유명했고, 그중에서도 하이드 파크(Hyde Park)는 런던 중심부에서 가장 큰 공원 중 하나이자 유명한 연설자 코너 덕분에 대중에게 친근한 곳이다. 하이드 파크 옆으로 서펜타인이라는 호수를 사이에 두고 켄싱턴 가든이 연결되어 있는데, 이 두 공원을 합친 면적이 2.5제곱킬로미터에 이른다. 이 두 공원은 원래 왕실 소유의 땅이었지만 일찍부터 대중에게 개방되었다. 현재 이 공원들 주변 가까운 거리에는 5개의 지하철역들이 있어서 런던 시민들이 쉽게 접근할 수 있는 도시 속 공공 공간이기도 하다. 가장 초기에 산업화, 근대화가 진행된 대도시에서 시민들이 누릴 수 있는 거대한 자연은 도시 속 공공 공간이 시민에게 주는 선물이라 할 수 있다.

이 거대한 공원 속에 서펜타인 호수를 사이에 두고 서로 가까운 거리에 벽돌로 된 작은 건물 두 채가 있다. 켄싱턴 가든 쪽에 있는 건물은 서펜타인 갤러리(Serpentine Gallery, 1970년 설립)로 예전 티

01 하이드 파크의 풍경
02 하이드 파크와
   켄싱턴 가든을
   구분하는 서펜타인
   호수
03 서펜타인 갤러리와
   서펜타인 새클러
   갤러리 사이의
   서펜타인 브리지에서
   바라본 호수

미술관의 입구

파빌리온(Tea Pavilion)으로 사용되던 건물을 1970년 신진 예술가들을 위한 갤러리로 바꾼 것이다. 그리고 호수 건너편으로는 서펜타인 새클러 갤러리(Serpentine Sackler Gallery)가 있다. 이 건물 역시 다른 용도로 지어진 건물을 미술관으로 바꾼 것이다. 원래 1805년에 화약저장소로 지어진 건물을 2010년 새로 미술관으로 개장했다. 이 두 미술관은 서로 다른 건물이지만 벽돌 조적조 건물에 전면 그리스식 기둥열과 같은 공통점이 있어서, 공원을 산책하다 보면 서로 관계가 있다는 인상을 받게 된다. 각각의 미술관은 작은 규모이지만 주변의 넓은 공원과 호수와 어우러져 있어서, 공원 속 미술관이라기보다는 공원이 두 미술관의 앞마당 같다는 인상을 받는다.

서펜타인 갤러리, 공원을 전시하는 열린 미술관

서펜타인 갤러리는 신진 예술가들을 위한 갤러리로 출발했지만 곧 실험적인 예술을 위한 전시 장소로 유명해졌다. 하지만 오늘날 서펜타인 갤러리가 건축 분야에까지도 그 명성을 알리게 된 데에는 2000년부터 시작된 서펜타인 파빌리온 프로젝트의 역할이 크다. 서펜타인 파빌리온 프로젝트는 서펜타인 갤러리 주변에 펼쳐진 넓은 잔디 밭 위에 해마다 여름 동안 국제적인 명성을 가진 건축가와 예술가들이 다목적 파빌리온을 디자인하고 이를 실제 세웠던 프로젝트다. 2000년 첫해 자하 하디드(Zaha Hadid)를 시작으로 이토 도요(伊東豊雄, 2002), 렘 콜하스(2006), 올라퍼 엘리아슨(2007), 프랭크 게리(2008), SANAA(2009), 장 누벨(Jean Nouvel, 2010), 헤르조그 앤 드뫼롱

(Herzog & de Meuron, 2012) 등 참여했던 건축가나 예술가들의 면모도 화려했지만, 해마다 각 작가들의 특징이 잘 드러나는 재미있는 구조물의 디자인 접근법도 다른 건축가나 예술가들에게 흥미와 관심의 대상이 되었다. 하지만 무엇보다도 이 파빌리온 프로젝트가 주목받았던 것은 갤러리의 마당이자 하이드 파크와 켄싱턴 가든이라는 대중적으로 사랑받는 공원 속에 자리 잡았다는 점이다. 이 파빌리온은 그 형태 자체로도 아름다운 거대한 예술품이었고 공원에 방문하는 사람들에게 흥미롭고 재미있는 작은 장소가 되었다.

가령 2009년 SANAA는 반사 재질로 된 지붕과 극도로 가는 기둥들을 사용하여 공원 속 나무들이 그늘을 드리우듯이 거대한 그늘을 만들어 사람들에게 쉴 곳을 제공해주었다. 가는 기둥들은 아래에 머무는 사람들에게 또 다른 인공적인 숲 속에 있는 것과 같은 느낌을 주기도 했으며 무엇보다 반사판으로 된 천장면은 사람들이 천장을 볼 때 주변 공원 풍경과 사람들을 비춰주는 역할을 했다. 자연과 인공 자연, 반사된 자연이 함께 어우러져 이곳에 있는 사람들에게 공원에 대한 새로운 경험을 만들어주었다.

2012년 헤르조그 드뫼롱 프로젝트는 지금까지 진행되었던 파빌리온들의 궤적을 땅을 파서 담고 그 위에 지붕을 얹었는데, 이 지붕에 물을 담았다. 파빌리온의 외부에서 지나가는 사람들은 살짝 지면에서 뜬 연못 또는 분수를 보는 동시에 지면과 수면 사이 살짝 뜬 틈을 통해서 안쪽으로 공간이 있음을 알게 된다. 반대편으로 돌아가면 땅을 깎아내어 만든 수면 아래로 내려갈 수 있는 아레나 형식의 계단을 만나게 된다.

미술관의 입구

2014년 후지모토 소의 파빌리온은 외부에서 보는 예술품으로 파빌리온의 경험과 내부에 들어섰을 때 사람들에게 공원과 구조물 사이의 특별한 경험을 제공하는 프로젝트였다. 흰 색의 가는 선형 부재들을 엮어 마치 어린이들의 정글짐처럼 만들었다. 보는 각도에 따라 부재들이 많이 겹쳐진 곳은 강건한 구조물처럼 보였고 부재들이 많이 겹쳐지지 않은 부분은 뒤쪽으로 펼쳐지는 자연의 풍광을 보여주는 반투명한 막처럼 보이기도 했다. 이러한 느낌은 파빌리온의 내부에서도 이어져서 내부에 있으면서도 외부에 있는 것 같은 감각을 준다. 하지만 이 프로젝트를 더 재미있게 만들었던 것은 정글짐 사이에 부분적으로 투명한 발판을 두어 사람들이 올라갈 수 있게끔 만들었다는 것이다. 이제 공원이라는 자연과 구조물, 내부와 외부의 관계 속에 사람들이 끼어들게 되며, 이 장소들, 미술관과 공원 또는 건축과 자연이 사람들과 함께 한다는 점을 상징적으로 드러낸다.

후지모토 소가 흰색의 선형 부재를 통해 구조물과 자연의 관계를 새로 보여주었다면 2015년에는 반대로 생생한 색이 그 자리를 대신하였다. 스페인 출신의 셀가스카노(Selgascano)는 투명한 재료와 함께 마치 셀로판지처럼 다양한 색을 가진 반투명한 재료들을 사용하여 파빌리온을 덮었다. 외부에서 볼 때 자연과 대비되는 인공적인 원색이 단순하면서도 곡선적인 형태와 함께 눈에 띈다. 하지만 안에 들어서면 눈에 보이는 물체의 색보다도 빛이 투과하며 만들어내는 색채의 분위기가 투명한 부분을 통해 보이는 공원의 풍경과 어우러진다.

서펜타인 파빌리온 프로젝트들은 미술관에서 진행되는 건축가

01 2015년 서펜타인 파빌리온 너머로 보이는 서펜타인 갤러리
02 파빌리온 마당에 면해 있는 서펜타인 갤러리 동측 전면
03 서펜타인 갤러리 측면 입구 부분
04 입구에 설치된 전시 안내판의 앞뒷면. 뒷면은 서펜타인 새클러 갤러리의 두안 핸슨 전시를
    소개한다.

미술관의 입구

| 01 | 03 |
| 02 | 04 |

들의 실험이기도 했지만, 도시 속 공원으로서 공원에서 휴식과 여가를 즐기러 온 사람들에게 어떤 장소를 제공해줄 것인가 하는 프로젝트이기도 했다. 굳이 예술과 건축에 깊은 관심과 지식이 없어도 사람들에게 즐거운 경험을 선사할 수 있다는 것 자체로도 의미가 있다. 그리고 이는 이 미술관이 공원이라는 외부 공간을 갖고 있다는 점에서 가능하다.

서펜타인 파빌리온 프로젝트의 기획은 1997년부터 진행된 미술관 리노베이션에서 그 연원과 의도를 찾아볼 수 있다고 한다. 이 리노베이션 작업에는 스코틀랜드 예술가였던 이안 핀레이(Ian Hamilton Finlay)의 작품이 포함되어 있었는데 미술관 내부가 아니라 외부에, 입구 바로 앞에 자리를 잡았다. 이 작품은 미술관 외부에 설치된 야외 조각이긴 한데, 모르고 있다면 그냥 무심코 지나치기 쉽다. 먼저 미술관 입구 쪽에 약 3.4미터에 달하는 슬레이트 원판이 땅위에 누워 있다. 주변의 바닥 패턴과 어우러져 얼핏 보면 그냥 미술관 진입 과정의 일부처럼 보인다. 이 원판에는 글씨가 새겨져 있는데, 18세기 철학자 프랜시스 허치슨(Francis Hutcheson)의 글귀와 함께 켄싱턴 가든에 있는 모든 나무들의 이름이 새겨져 있다. 이 원판과 함께 8개의 벤치가 있는데, 이 벤치에도 역시 자연을 담은 전원시들이 새겨져 있다. 예술이지만 나무와 자연을 간직하고 공원과 미술관을 방문하는 사람들을 위한 바닥과 의자가 되어주는 작품이라는 점은 의미심장하다. 파빌리온과 마찬가지로 작품이 미술관들을 방문하여 안에 들어오는 사람들뿐만 아니라 공원을 방문하는 시민들이 쉽게 다가설 수 있고 쉬어갈 수 있는 장소를 제공하며 이 공원 속 자연을 기억하게 하려 했다는 점은 이 미술관이 공원 속에 있다는 것을 다시 한 번 생각하게 한다.

서펜타인 새클러 갤러리, 작품과 대화하는 공원 속 놀이터

서펜타인 미술관에서 약 10분 정도 호수를 건너 도보로 이동하다 보면 서펜타인 새클러 갤러리가 나타난다. 서펜타인 새클러 갤러리는 과거 화약저장소 건물로, 2010년 서펜타인 갤러리는 공원관리위원회(The Royal Parks)로부터 공원사용권을 받아 이 장소를 미술관으로 바꾸게 된다. 화약저장소 건물은 1805년 나폴레옹과 전쟁을 하던 시기에 군사적 목적으로 지어진 건물로 1967년 폐쇄될 때까지 주로 군사적 목적으로 활용되었다. 서펜타인 갤러리는 이 건물 208년 역사에서 처음으로 대중을 위한 건물이 되었다고 설명하고 있기도 하다.

첫 인상은 서펜타인 갤러리와 마찬가지로 벽돌 조적조의 외관이나 고전적인 입구 부분이 먼저 눈에 띈다. 하지만 좀 더 가까이 접근하여 옆쪽을 바라보면 우리가 아는 일반적인 건물보다는 좀 더 과감한 형태와 반짝거리는 하얀색의 질감이 눈에 띄는 인상적인 건물이 나타난다. 이 건물은 옛 화약저장소 건물을 미술관으로 리노베이션하는 과정에서 덧붙여진 부분으로, 서펜타인 새클러 미술관 디자인 작업은 최초로 서펜타인 파빌리온 프로젝트를 맡았던 자하 하디드(Zaha Hadid)가 맡으면서 두 미술관 사이에 또 다른 연결점이 생겨나게 된다. 자하 하디드의 작업 중에서 외관상 눈에 확 들어오는 부분은 하얗게 덧붙여진 부분이지만, 이 외에도 자하 하디드는 원래

01 서펜타인 갤러리 입구 홀
02 현재까지 설치되었던
   서펜타인 파빌리온들. 낮에는
   카페로, 밤에는 포룸으로
   사용되었다.
03 2015년 서펜타인 파빌리온
04 2015년 서펜타인 파빌리온
   내부

미술관의 입구

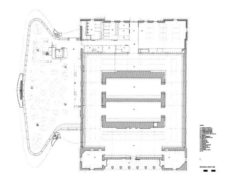

05 서펜타인 새클러 갤러리 전경
06 베르트랑 라비에의 분수 뒤로 보이는 자하 하디드 증축 부분
07 서펜타인 새클러 갤러리 평면

화약저장소 건물이 갖고 있던 공간적인 특징을 최대한 살리면서도 오늘날의 미술관, 특히 공원 속에 있는 미술관이라는 점을 드러내기 위해 예전 모습을 간직하고 있는 부분에도 많은 작업이 이루어졌다.

이 미술관의 평면을 보면 중앙에 거대한 벽으로 둘러싸인 2개의 좁고 긴 방이 있다. 이 긴 방들이 과거 실제 화약을 보관했던 방이다. 이 방의 벽은 미술관의 외부와 마찬가지로 벽돌로 마감되어 있다. 하지만 방 안에서 본 느낌은 좀 더 강렬하다. 과거 창고 건물이었기 때문에 벽과 벽 사이가 좁으며, 볼트 형식으로 된 천장으로 인해 벽과 천장이 구분되기보다는 한 덩어리처럼 보인다. 마치 안에 들어서면 벽돌로 된 묵직한 막이 에워싸는 것 같은 느낌을 준다. 원래 이 방에는 창고로서 효율적으로 사용하기 위하여 많은 칸막이벽이 있었지만, 건축가가 이 벽을 다 제거하면서 좁고 긴 터널과 같은 감각, 이곳이 외부와 연결되어 있기보다는 완벽한 벽의 안쪽에 있다는 감각을 전달해주고 있다.

벽으로 에워싸인 느낌은 예전 화약저장소 부분을 에워싼 부분과의 대비 때문에 더 강조되기도 한다. 요컨대, 이 미술관 건물은 화약저장소 건물을 전시 홀로 감싸는 구성이며 이 전시 홀 부분은 본래 외부 공간으로서 마당의 역할을 했던 곳이었다. 건물의 외벽을 통과하여 들어오면 일부 작은 방들이 있고 마당을 통과하여 화약 저장공간으로 들어가게 되어 있었다. 건축가는 리노베이션 과정에서 이 외부 공간에 지붕을 덮어 실내 공간을 만들고 전시 공간으로 활용하도록 하였으며, 이 공간 전체에 기다란 천창들을 두어서 자연광을 적극적으로 끌어들였다. 또한 이 천창에 고정 루버를 설치하여 직사일광이 직접 들어오기보다는 은은하게 확산된 빛이 공간을 부드럽게 채우게 하였다. 벽면이나 천장 마감도 화약저장소 부분을 제외하고는 흰색으로 마감하여 이 공간 전체는 매우 가볍고 밝다. 이 밝고 개방적인 백색 공간은 앞서 말한, 물성이 강하게 드러나는 벽돌로 마감된 화약저장소와 대비되어 두 공간 사이의 대조가 뚜렷하게 읽힌다.

이렇게 과거 중정이었던 공간에서 화약저장소 부분을 에워싸는 벽들은 흰색 마감 대신 원래의 벽돌 부분을 그대로 노출시키고, 옛 건물의 창이 있던 부분 역시 그 디테일을 예전 그대로 살리고 있어서, 건물 내부는 마치 하얀 박스 속 중앙에 벽돌로 된 집이 전시되어 있는 것처럼 보인다. 전시에 따라서 흰색 마감을 대기도 하지만 2015년 여름에 열렸던 듀안 핸슨(Duane Hanson) 전시(2015년 6월 2일 – 2015년 9월 13일)의 경우에는 일부 벽들은 마감 없이 원래 벽돌 벽을 사용했다.

듀안 핸슨은 실제 사람으로부터 틀을 떠서 작업을 할 정도로 극사실주의로 유명했던 조각가였다. 특히 후반에는 일상 사람들이 평범하게 살아가는 모습들을 실제보다 더 실제 같이 만들어내는 작업을 하기도 하였다. 서펜타인 새클러 갤러리에 전시된 듀안 핸슨의 작업들은 미술관에 방문한 사람들과 뒤섞여 누가 실제 사람인지 또는 작품인지 알아보지 못할 만큼 실제 우리 주변의 보통 사람들을 닮아 있다. 그냥 무심코 지나친다면 이 전시장에 들어왔을 때, 마치 길이나 또는 바로 앞 하이드 파크에서 만난 평범한 사람이 미술관을 돌아다니고 있는 것처럼 보일지도 모른다.

이 전시를 기획했던 큐레이터는 벽돌 벽 창문 앞에 어떤 거리 노점상과 같이 보이는 사람을 표현한 작품을 두었다. 벽돌 벽 앞에서 의자에 앉아 그림과 책을 쌓아두고 책을 읽고 있는 작품을 보다 보면, 우리 일상 속에서 만나는 평범한 거리 풍경처럼 보이는 느낌을 받는다. 이것은 작품의 힘이기도 하지만 동시에 이 공간이 만들어내는 힘이기도 하다. 내부를 만드는 벽이라는 느낌이 강한 벽면과 자연광이 확산하는 백색의 공간을 대비시킴으로 해서 상대적으로 이 흰 공간은 외부 공간인 거리와 같이 보이기도 한다.

좁고 긴 공간이었던 옛 화약저장공간도 듀안 핸슨의 작품들과 잘 맞아 떨어졌다. 안전모를 쓴 채 작업하고 있는 모습을 표현한 작업자들은 낡은 벽돌 벽을 수선하다 잠시 쉬고 있는 것처럼 보인다. 이들의 맞은 편 벽 쪽으로는 벽의 튀어나온 부분에 걸터앉아 자신들을 감상하고 있는 관람객들을 마주 보고 있다. 좁은 공간 때문에 이 마주 보는 사람들 사이의 거리가 상당히 가까워서 작품과 관람객 사이에는 일종의 친밀감이 만들어진다.

옛 화약저장소 건물 바깥쪽으로 마치 딱딱한 텐트처럼 보이는 지붕이 고전적인 외관을 가진 옛 건물에 살짝 걸쳐 있다. 낮에는 약간 반사가 되는 유리를 사용하여 지붕이 주는 느낌이 덜하지만 내부에 불이 켜지는 밤이 되면 유리의 느낌은 사라지고 백색의 지붕만이 남는다. 텐트 형태의 지붕은 그 자체가 구조 역할을 담당하며, 실내에서도 기둥은 많지 않고 그 기둥들의 모양조차도 일반적인 기둥이라기보다는 지붕의 형태를 닮아 있어 지붕의 일부처럼 보인다. 유리의 느낌이 사라진 밤에 볼 때 이 장소는 마치 땅과 이를 덮는 막만

미술관의 입구

존재하는 것처럼 보이기도 한다. 내부는 레스토랑으로 사용되는데, 내부에도 바 카운터나 작은 주방을 제외하면 벽이나 칸막이와 같은 요소들은 없다. 이 자체는 견고한 구조물이지만 구조물의 형식과 투명한 유리벽, 최소화된 고정 요소들은 이 공간이 마치 서펜타인 파빌리온과 같이 순간적이고 가변적인 것과 같이 느껴지게 한다. 이러한 순간성은 옆에 200년 이상을 지켜온 화약저장소 건물과 묘한 대비를 이루며 완전히 새로운 시대의 감각을 전달한다. 이러한 대비는 일반적으로 어색하게 느껴지거나 부조화되기 십상이지만, 그 부자연스러움을 뛰어넘는 색다른 감각이 있어서, 자하 하디드의 증축안은 공원 속에서 사람들을 위한 즐거운 놀이의 공간을 만들어내며 미술관 일대를 놀이터와 같은 해방의 공간으로 전환시킨다. 마치 공원에서 놀다가 텐트 속에서 잠시 쉬는 것처럼, 이 증축 부분은 공원을 거닐다 미술관을 방문해 쉬어가는 것과 같은 장소의 느낌을 정교한 지붕의 구조체로 만들어내고 있다.

다이애나 추모 연못, 작은 것이 주는 다양한 즐거움

다시 서펜타인 호수(Serpentine Lake)를 건너 켄싱턴 가든(Kensington Gardens) 방향으로 오면 호수를 건너 얼마 지나지 않아 고 다이애나 왕세자비(Diana, Princess of Wales) 추모를 위한 연못(Diana, Princess of Wales Memorial Fountain, 2004년 완공)을 발견하게 된다. 다이애나 왕세자비는 살아 있을 때 서펜타인 갤러리의 후원을 담당하기도 했었다. 다이애나 왕세자비의 죽음을 추모하는 기념물이지만 동상이나 구조

미술관의 입구

01 서펜타인 새클러 갤러리 입구 홀 (세 사람은 실제 인물이고 셋은 두안 핸슨의 밀랍인형 작품)
02 서펜타인 새클러 갤러리 내부의 예전 화약보관소 공간
03 갤러리를 돌아서 반대편에서 입구 홀을 본 모습
04 예전 화약보관소 공간을 둘러싸고 있는 갤러리

01	다이애나 왕세자비 추모 연못으로 가는 길
02	다이애나 왕세자비 추모 연못 전경
03 04	다이애나 왕세자비 추모 연못에서 시간을 보내는 사람들

미술관의 입구

물 대신 물이 흐르는 개울이 원을 그리는 형태로 이루어져있다. 원이어도 완벽한 원의 형태라기보다는 약간 둥근 삼각형의 형태를 갖고 있으며, 지형을 따라 약간 경사져 있어서 인공적인 형태이면서도 자연스럽다. 단순한 디자인이지만 이 연못을 디자인한 조경 건축가 캐스린 구스타프슨(Kathryn Gustafson)은 물이 흘러가는 개울 길의 단면을 매우 다채롭게 만들었다. 개울은 깊어졌다 얕아지기도 하며, 폭이 넓어졌다가 좁아지기도 한다. 이에 따라 물이 많은 곳도 있고 물이 거의 없는 곳도 있다. 초반에 비록 사람들이 미끄러지는 사고들이 잦기는 했지만 다양한 물의 깊이와 폭은 이 연못을 방문하는 사람들에게 재미있는 놀이 장소가 된다. 살짝만 발을 적시고 개울을 다닐 수 있는가 하면, 어린이들은 물놀이를 하기도 한다. 물 가까이서 공원을 바라보고 싶은 사람들은 개울턱에 걸터앉기도 한다. 사람이 만들어낸 작은 결과물이 이 자리에 모여든 사람들에게 얼마나 다양한 종류의 즐거운 경험을 주는가를 볼 수 있는 장면이다.

서펜타인 갤러리와 서펜타인 새클러 갤러리는 그 자체로도 훌륭한 미술관이지만, 런던 시민들이 즐겨찾는 공원에 있다는 점에서 더욱 매력적인 미술관들이다. 그리고 이 미술관들은 미술관의 외부 공간이 시민들의 경험을 풍요롭게 하는 매력적인 전시 공간으로 변모할 수 있다는 가능성을 보여준다. 공원 속 미술관인 동시에 공원을 품은 미술관이며, 하이드 파크와 켄싱턴 가든이라는 두 공원의 경계를 공유하는 연결의 공간이자, 오래됨과 새것을 놀이와 체험의 공간으로 통합해내는 시민들의 놀이터인 것이다.

15

강변의 입구

테이트 모던 갤러리,

국립극장,

코톨드 갤러리

템스 강은 런던을 남북으로 가로지르는 강으로, 이 주변으로는 타워브리지를 비롯하여 런던의 유명 장소들이 많이 모여 있다. 런던의 전통적인 중심 지역인 버킹엄 궁전과 웨스트민스터 사원이 있는 도심에서 강 쪽으로 오면 국회의사당인 빅벤이 있다. 빅벤에서부터 강을 따라 동쪽으로 가면 런던탑과 타워브리지가 있고, 이를 지나쳐 계속 가다 보면 새로 개발된 거대한 고층건물들이 늘어선 카나리워프가 나타난다. 템스 강을 남북으로 연결하는 다리들 중 웨스트민스터 다리(Westminster Bridge)와 블랙프라이어 다리(Blackfriars Bridge) 사이 및 그 일대에서 템스 강 남쪽에 발달한 지역을 사우스뱅크(South Bank)라고 부른다.

사우스뱅크 지역은 현재 런던에서도 상업 및 문화 활동이 아주 활발하게 일어나고 있는 지역이다. 2000년 밀레니엄을 맞이하여 새롭게 건설된 런던아이나 밀레니엄 다리 같은 새로운 명소들이 바로 이 사우스뱅크 지역에 있다. 밀레니엄 다리와 런던아이 사이에는 국

01

02

01 테이트 모던 갤러리 카페에서 내려다본 밀레니엄 다리와 세인트 폴 성당
02 밀레니엄 다리와 연결된 테이트 모던 갤러리 강변 풍경

미술관의 입구

립극장, 로열 페스티벌 홀, 수족관, 주빌리 공원을 비롯하여 소규모 갤러리와 식당, 카페 같은 다양한 공간들이 이 지역의 강을 따라 줄지어 있어서, 런던에서 가장 매력적인 장소 중 하나로 꼽힌다.

하지만 사우스뱅크 지역이 본래부터 이렇게 사람들이 모이는 활기 넘치는 장소는 아니었다. 기존 런던의 유서 깊은 장소들은 대부분 템스 강의 북쪽에 몰려 있었다. 특히 사우스뱅크 지역은 겨울이면 종종 침수되기도 하여 주로 공장 및 산업 시설이나 창고들이 몰려 있는 지역이었다. 그마저도 런던 지역의 제조업이 점차 쇠퇴하면서 이 지역은 런던에서 가장 낙후된 지역 중 하나가 되었다.

사우스뱅크 지역이 새로운 가능성을 발견한 것은 1951년 영국 페스티벌 때였다. 당시 영국은 제2차 세계대전 이후 한창 재건 사업에 힘을 쏟고 있었는데, 그 일환으로 정부가 영국 사회에 새로운 활력을 불어넣기 위해 국가적 축제를 벌인 것이다. 그중 사우스뱅크 지역에서 산업디자인 등 예술 박람회를 개최하였고, 가장 인기 있는 전시장으로 자리매김하면서 전 세계에서 무려 850만 관람객이 방문하게 된다. 그리고 그 이후부터 이 지역에 점차 극장이나 공원 같은 시설들이 생기기 시작했다.

템스 강변 입지를 활용해 문화시설 핵심이 된, 테이트 모던

하지만 이 지역이 박람회와 같은 일회성 행사가 아니라 좀 더 안정적인 장소로 탈바꿈하게 된 것에는 2000년에 개관한 테이트 모던 갤러리의 역할이 크다. 현재 테이트 모던 갤러리가 있는 건물은 과

거 화력발전소였다. 1891년 이래로 이 지역에는 계속 화력발전소 건
물이 있었으며, 현재 건물은 1947년 영국 건축가 스코트 경(Sir Giles
Gilbert Scott)이 설계했다. 길이는 약 200미터에 달하고, 비록 강 건
너편 세인트 폴 성당보다 높이가 낮아야 하긴 했지만 굴뚝 높이도
99미터에 이르는 꽤 거대한 건물이다. 발전소 건물이지만 굴뚝을 중
심으로 간결하고 힘이 있는 단정한 형태와 벽돌을 쌓아 올려가며 만
들어낸 표면의 요철 디자인은 이 건물을 품위 있는 랜드마크로 보이
게 했다. 그럼에도 1970년대 오일쇼크에 이은 유가의 상승, 도시의
대기 오염 문제 등으로 이 화력발전소 건물은 1981년 문을 닫게 되
었다.

당시 사우스뱅크를 포함하여 이 지역 일대(London Bourough of
Southwark)가 낙후되어 있어서 이 발전소 건물 역시 문을 닫은 이후
한동안 방치되어 있었다. 이 건물이 새로운 용도를 찾은 것은 테이
트 갤러리가 포화 상태에 이르러 확장하게 되면서이다. 테이트 갤러
리는 1897년에 설립되었으며, 정부 기관은 아니지만 문화, 미디어,
스포츠 부의 후원을 받고 있다. 전시도 처음에는 영국 현대미술 수
집으로 시작했으나 현재는 국제적으로 확장하고 있다. 원래 테이트
갤러리는 현재 테이트 브리튼으로 명칭을 변경했고, 이 밖에도 테이
트 리버풀(1988), 테이트 세인트 이브스(1993)와 별도로 테이트 온라
인을 운영하고 있다. 영국 내 예술 분야에서 대표적인 입지를 지닌
기관 중 하나인 테이트 재단이 옛 화력 발전소 건물을 인수하여 새
로운 갤러리로 활용하게 되면서, 단지 미술관 하나가 새로 들어오는
것이 아니라 이 지역에 점차 생기고 있던 문화시설들의 중심 역할을

하며 일대 전체가 새로운 예술 지역으로 탈바꿈하는 계기가 되었다.

1994년 옛 화력발전소 건물을 이용하여 새로운 미술관을 만들기 위한 설계공모가 실시되었다. 150개 가까이 되는 작품이 접수되었으며, 그중 6개 안이 최종 심사 후보에 올랐다. 선정되었던 6개 안은 렘 콜하스, 라파엘 모네오, 렌조 피아노, 안도 타다오, 데이비드 치퍼필드, 헤르조그 드뫼롱의 안이었으며, 이 중 당시 가장 덜 알려졌던 헤르조그 드뫼롱 안이 선정되어 사람들을 다소 놀라게 하기도 했다. 당시 6개 안 중에서 헤르조그 드뫼롱의 안은 외관의 형태에 가장 손을 덜 댄 안들 중 하나였다. 가령 치퍼필드의 안은 원래 화력발전소의 중앙에 우뚝 솟은 굴뚝을 없앴으며, 렘 콜하스의 안은 형태는 남기되 철골 프레임 구조로 바꾸어 원래 벽돌로 만든 굴뚝이 주던 강한 덩어리로서의 느낌을 상쇄시키기도 했다. 하지만 당선안은 외관은 거의 그대로 유지하면서 상부에 단순한 상자 형태의 유리 박스를 얹어 벽돌로 만들어진 화력발전소의 육중한 느낌을 더욱 강조했다.

헤르조그 드뫼롱 안에서 가장 주목받았던 것은 중앙의 터빈 홀 부분이다. 이 터빈 홀은 건물 서쪽에 있는 주 진입구를 통해서 들어온다. 이 주 진입구는 굴뚝이 있는 건물의 전면이 아니라 강을 따라 나 있는 산책로 쪽에서 접근하도록 되어 있다. 원래 화력발전소 건물은 벽돌로 마감되어 있어 벽돌 자체가 주는 물질로서의 느낌, 그리고 벽돌 하나하나가 짜 맞춰져서 만들어내는 패턴이 매우 인상적이다. 이러한 느낌은 특히 멀리서 볼 때 높이 솟은 굴뚝과 굴뚝을 중심으로 간결하게 서 있는 단순한 덩어리 형태로 더욱 강조된다. 하

미술관의 입구

01 사우스뱅크 퀸즈 워크에서 바라본 국립극장
02 워털루 다리에서 바라본 국립극장과 하워스 톰킨스가 설계한 붉은 색의
임시극장
03 워털루 다리에서 바라본 헤이워드 갤러리와 퀸 엘리자베스 홀 건물
꼭대기에 설치된 '런던을 위한 방'
04 퀸 엘리자베스 홀 하부의 사우스뱅크 스케이트 파크
05 로열 페스티벌 홀(좌)과 헤이워드 갤러리(우) 사이로 바라본 템스 강변

지만 산책로를 따라 건물 가까이로 접근하게 되면 갑자기 이 굳건한 덩어리와 같은 건물의 아래가 잘려 있는 것을 보게 된다. 땅에서부터 단단하게 뿌리를 내리고 서 있어야 할 것 같은 건물의 하부는 땅에서부터 떨어진 채 들려 있고, 우리가 걸어가고 있던 땅은 점차 아래로 꺼지며 이 건물의 들려 있는 하부로 이어진다.

훗날 이러한 땅과 벽의 관계는 헤르조그 드뫼롱이 마드리드에 있는 카이샤 포럼에서 다시 한 번 보여준다. 건물의 간결한 형태는 벽돌과 금속의 물질성으로 더욱 강조된다. 강한 덩어리는 분명히 땅에 굳건하게 서 있어야 할 것만 같지만 건물의 하부는 칼로 벤 듯 잘려나가고 건물 전체는 고스란히 땅에서 떠 있는 것처럼 보인다. 건물의 덩어리가 재료로 인하여 더 무거워 보이기에 하부의 빈 공간은 그만큼 충격적이다. 그리고 이 빈 공간은 작은 입구만 남기고 아무런 기능이나 사용 없이 주변의 광장과 거리를 서로 연결하고 있어 그 비어 있음이 강조된다.

테이트 모던 갤러리에서 육중한 벽 아래로 빨려 들어가듯 땅을 타고 내려가면 터빈 홀로 이르게 된다. 20세기 말 화력발전소를 그대로 담은 육중한 벽돌 벽을 보면서 점차 터빈 홀로 진입하다 보면 갑자기 높고 길고 거대한 홀이 우리 눈을 사로잡는다. 그리고 이 터빈 홀은 노출된 철골 프레임과 상부에 떠 있는 유리 박스, 천창을 통해서 들어오는 빛들로 인해 아까 보았던 벽돌 벽과는 완전히 전환된 느낌을 준다. 건축물의 벽면을 만들어내는 축조 방식의 변화, 거대한 스케일로 인하여 이 공간은 아까까지 보았던 화력발전소의 구체적인 형태는 지워버리지만, 여전히 화력발전소 건물이 갖고 있던

미술관의 입구

엄격함이 주는 위엄은 여기에 들어서는 사람들에게 그대로 전달한다. 그리고 분명 실내로 들어왔지만, 터빈 홀을 한정하는 벽들에 달려 있는 유리 박스, 유리 박스의 창 너머로 터빈 홀을 내려다보는 사람들, 이 벽 너머에 보이는 뮤지엄숍 등으로 인하여 이 벽 너머에 또다른 공간이 있음을 추측하게 되고, 여전히 아직 충분히 내부로 들어오지 않고 안과 밖의 중간 경계에 서 있는 느낌을 받는다.

테이트 모던 갤러리가 개관한 이래 매년 유니레버 시리즈로 이 터빈 홀에서는 터빈 홀의 규모와 장소의 특징을 살린 작품들이 전시되어왔다. 그중에서도 가장 화제가 되었던 시리즈 중 하나는 네 번째 시리즈였던 올라푸르 엘리아손의 〈The Weather Project〉였다. 거대한 터빈 홀 안에 설치된 조명은 마치 그 자체가 작은 해와 같이 보여 이 공간 전체를 물들였다. 그리고 이 터빈 홀에서 사람들은 마치 태양이 비치는 공원 위에서 날씨를 즐기듯 자리를 잡았다. 이 터빈 홀은 마치 땅의 연장선처럼 보이기도 하고, 건물 내부 속의 외부처럼 보이기도 하고, 그 비어 있음 때문에 자유로이 점유해도 될 것처럼 보인다. 그리고 이 네 번째 유니레버 시리즈는 그러한 터빈 홀의 중간 공간과 같은 성격을 잘 드러내 보여준 프로젝트였다.

터빈 홀에 들어서면 왼쪽 벽면 뒤쪽으로 주요 전시 공간들이 있다. 터빈 홀과 전시 공간들 사이를 구분하는 벽들에는 앞에서 말한 것과 같이 부분부분 절개면이나 튀어나온 유리박스들이 있어서 터빈 홀에 있는 사람들과 미술관 안을 돌아다니는 사람들을 시각적으로 연결지어준다. 특히 튀어나와 있는 유리 박스들이 인상적이다. 유리박스가 있는 층에서 보면 이곳은 전시장과 전시장 사이에 있는

	02	
01	03	04

미술관의 입구

01 테이트 모던 갤러리 서측 주
　　진입구에서 바라본 터빈 홀
02 테이트 모던 갤러리의 서측
　　주 진입구
03 터빈 홀 내부에서 서측 주
　　진입구를 되돌아본 모습
04 마드리드 카이샤 포럼의 전경

01 터빈 홀을 내려다보게 만들어진 유리 박스 내부 풍경
02 유리 박스 내부에서 내려다본 터빈 홀
03 전시실들을 연결하는 연결 복도와 에스컬레이터
04 커피바와 전시 숍이 위치한 4층 기획전시실 입구 풍경
05 기획전시실이 위치한 4층 홀에서 발코니 너머로 본 도시 풍경
06 데니스 라스던이 설계한 국립극장 입구 홀. 대규모인 올리비에 극장과 중규모인 리틀튼 극장과
　　소규모인 도프만 극장이 한 지붕 아래 세 개의 극장이라는 개념으로 설계되었다.

미술관의 입구

| 01 | 02 | 03 |
| 04 | 05 | 06 |

강변의 입구

작은 홀이다. 에스컬레이터에서 내려 해당 층으로 들어가기 전 관련 전시 안내 팸플릿이 있고, 전시 관련 숍이나 작은 커피바 등이 있어서 전시를 보다 지친 사람들이 잠시 머무를 수 있는 자리이다. 이 자리에 앉게 되면 다시 지나쳐왔던 터빈 홀을 내려다보게 된다. 마치이 유리로 만든 박스는 집의 발코니와 같이 터빈 홀을 내려다보게 되는 장소이다. 이 장소에서는 아직 전시장으로 들어오지 않은 사람들, 또는 전시를 다 보고 쉬고 있는 사람들, 그냥 돌아다니는 사람들 등 다양한 사람들을 보게 되는 곳이다. 미술관에 오는 주요 목적은 전시 작품을 보기 위해서지만, 이곳에서는 현재 나와 같이 이 미술관에 있는 사람들을 관람하게 된다.

유리 박스에서 몸을 돌려 반대편을 향해 커피바를 지나면 다시 전면 유리창이 나타나고 이 유리창 너머로는 템스 강과 세인트폴 성당, 밀레니엄 다리 등 주변 런던 시내 전경을 볼 수 있다. 미술관 내 작은 공용 공간에서 미술관이 만들어낸 실내 광장과 바깥 도시의 풍경을 함께 볼 수 있는 자리이다.

테이트 모던은 테이트 재단과 런던시의 노력으로 단지 미술관을 지은 것만이 아니라, 테이트 모던을 도시의 낙후 지역 재생의 거점으로 삼아 이른바 문화를 통한 도시 재생 상징적 프로젝트로서 대성공을 거두었다. 현재 테이트 모던 갤러리의 성공으로 바로 옆에 헤르조그 드뫼롱 디자인으로 테이트 모던 갤러리 확장 건물을 짓고 있다. 테이트 모던 갤러리는 런던을 대표하는 현대미술의 중심 역할을 담당하기도 했고 사우스뱅크 지역이 런던의 새로운 관광명소로 떠오르게 된 핵심 역할을 하기도 했다. 하지만 이 지역 발전에 테이

미술관의 입구

트 모던 갤러리 자체가 핵심적인 역할을 하기는 했지만, 템스 강변이라는 입지 활용도 중요했다. 밀레니엄을 맞이하여 테이트 모던 갤러리와 템스 강 맞은편 북쪽의 세인트 폴 성당을 잇는 축에 밀레니엄 다리를 두어 테이트 모던 갤러리의 강의 남쪽 편에서 갖는 상징성은 더욱 두드러졌다.

강에서부터 건물 내부로 이어지며 이야기를 만들어내는, 국립극장

테이트 모던 갤러리를 나와 밀레니엄 다리를 건너는 대신 강을 따라 워털루 다리 쪽으로 이동하다 보면 다리를 건너기 직전 테라스들이 층층이 튀어나온 건물을 볼 수 있다. 이 건물은 왕립국립극장(Royal National Theatre) 건물로 1977년에 지어진 건물이다. 멀리서 보면 테라스들이 먼저 눈에 들어오지만 강 쪽으로 가까이 갈수록 넓은 열린 공간이 나타난다. 단순한 형태의 테라스들은 이 열린 공간에서 좋은 처마, 그늘 공간을 만들어준다. 이 그늘로 인하여 지나치는 사람들과 머무는 사람들 사이의 영역이 미묘하게 차이가 나게 된다. 사람들이 다니는 길 부분과 처마에 가까운 부분의 바닥 패턴을 다르게 둔 것 역시 이러한 차이를 좀 더 강조한다. 건물 전체적으로 콘크리트의 육중함이 두드러지지만, 이 그늘 공간과 건물이 만나는 부분은 투명한 유리로 되어 있어, 유리 내부의 로비와 시각적으로 연속되어 있다.

유리 너머 안쪽으로는 3개 층이 수직으로 뚫린 공간이 있고, 이 공간을 내려다보는 작은 발코니들이 층층이 있다. 아까 강을 따라 오면서 이 건물의 외부에서 보았을 때 나타났던 테라스와 유사한 느낌도 있다. 강에서부터 본 외부, 처마 아래 열린 공간, 이 공간과 유리를 통해 연결된 수직으로 높이 뚫린 개방된 공간, 그리고 이 공간을 내려다보는 발코니에 이르기까지 사람들의 경험은 단절되지 않고 꼬리에 꼬리를 물고 이어진다.

이러한 경험은 앞서 테이트 모던 갤러리에서 터빈 홀을 들어설 때와 비교해볼 수 있다. 그곳에서는 벽돌 벽에서 철골과 유리박스라는 축조 방식의 전환을 두어 진입 과정에서 사람들의 경험을 크게 바꾸었지만, 터빈 홀이 완전한 내부가 아니라 중간 지점이라는 성격을 두어, 미술관에 바로 진입하는 것이 아니라 일종의 과정이라는 점을 보여주었다. 이곳에서는 그러한 전환 대신 경험의 일부를 계속 연장해가며, 강에서부터 건물 내부로 이어지는 과정을 만든다. 두 곳 모두 건물의 내부는 외부로부터 진입하는 과정을 통해 보다 풍부한 경험과 이야기를 만들어내게 된다. 그리고 이 외부는 바로 템스 강이라는 공통점을 갖게 된다.

다시 템스 강으로 나와 워털루 다리를 건너자마자, 고전복고 양식의 건물이 나타난다. 이 건물은 서머셋 하우스로 18세기 말 19세기 초에 정부 사무실들이 있는 관청 건물이었다. 19세기 중반 이래 이 건물은 각종 협회 사무실을 비롯하여 다양한 목적으로 사용되었는데, 그중에는 영국 왕립 아카데미(Royal Academy)나 정부예술학교 (the Government Art School)를 비롯한 예술 교육 기관들이 있기도 했다. 20세기 후반에는 예술학교들이 적극적으로 자리를 잡았으며, 그

　　　　　　　　　　　미술관의 입구

중 하나가 코톨드 예술학교(Courtauld Institute of Art)였다. 현재 이 서 머셋 하우스는 원래 튜더 궁전이 있던 자리에 지어진 건물로 18세기 후반 착공이 시작된 이래 여러 번 증축을 거쳐 내부에 중정이 있는 꽤 큰 규모의 건물로 약 5,500제곱미터에 달한다. 20세기 말까지 이 건물은 관공서에서 예술학교에 이르기까지 다양한 목적으로 사용되 어왔지만, 이 중정이 특별한 의미를 가진 적은 없었으며, 최근까지 는 주로 주차장으로 쓰였다. 하지만 1997년 서머셋 하우스를 대중에 게 개방하기로 하고 이 중정 공간 및 주변을 정비하기로 했다. 특히 서머셋 하우스의 남측면은 템스 강에 바로 마주하고 있어서 사우스 뱅크 지역의 수변 공간 개발과 함께 공공 공간으로서의 잠재적 가치 가 매우 큰 곳이었다. 내부 중정을 공공이 접근할 수 있는 광장과 같 이 정비할 뿐만 아니라 남측에 테라스를 두고, 워털루 다리에서 쉽 게 접근할 수 있도록 보행로를 설치했다. 이 테라스는 일종의 길쭉 한 광장과 같은 공간이다.

내부 중정을 개방하고, 워털루 다리에서 이어지는 보행통로를 두는 것은 건물의 내부를 크게 바꾸는 일은 아니었지만 이로 인해 이 일대 공공 공간들은 큰 변화를 맞이하게 되었다. 내부 중정을 개 방해 과거 런던의 시내 가로(스트랜드 거리)와 템스 강변에 자리 잡은 공공 공간으로 연결하는 공공 보행통로가 마련되었다. 그뿐만 아니 라 워털루 다리에서 이 공공 공간으로 연결하는 보행 접근로가 개선 되면서 남쪽의 테이트 모던 갤러리 일대에서 연결되는 문화예술 시 설들을 연결하는 보행로가 이 북쪽까지 연결되게 된다. 물론 이 보 행로에는 문화예술시설만이 아니라 인기 있는 상점이나 식당, 저 멀리 런던아이까지 이 일대의 주요 매력지점들을 연결하는 길이 되어, 문자 그대로 걷고 싶은 거리가 된다.

도시를 산책하는 매력적인 길들은 도시에 산재되어 있는 문화, 상업 시설들을 선으로 연결해서 나타나는 것이 아니라 이 길과 시설들을 담고 있는 건물들의 내외부를 세심하게 연결지으면서 나타난다. 건물 주변의 테라스나 중정을 길과 접속시키고, 길에서 건물 내부까지 이어지는 스토리텔링과 그에 따른 공간의 성격, 그리고 손쉬운 접근성 모두를 포함한다. 테이트 모던 갤러리는 과거 산업시설인 화력발전소가 갖는 건축적 이미지와 현대미술이라는 콘텐츠를 모두 끌어안으며 성공적인 도시 재생 프로젝트로 자리매김했다. 여기에는 이 지역을 문화재생의 거점으로 삼겠다는 시의 계획과 이를 뒷받침하는 민간 예술 재단의 역량도 중요했지만, 또한 강이라는 도시의 자원과 공공 산책로를 공간적으로 연결해가며 이를 구체화한 디자인 전략 또한 성공적이었다.

미술관의 입구

강변의 입구

닫는 글,

미술관의 입구의 '출구'

네덜란드에서 유학한 까닭에 암스테르담 근방의 스히폴 공항을 여러 차례 이용했습니다. 그런데 언젠가 이곳에 근사한 미술관이 있다는 사실을 알게 되었고, 이후로는 탑승 전까지의 자투리 시간을 이용해서 공항 안에 위치한 이곳을 찾는 일도 잦아졌습니다. 2002년 문을 연 이 공간은 바로 '레이크스 미술관' 분관으로, 출국수속을 밟느라 여유 있게 공항에 도착한 사람들에게 미술관을 접할 기회를 제공함으로써 큰 성공을 거두었다고 합니다.

　공항 안의 이 미술관에는 네덜란드를 대표하는 작가들의 풍경화를 전시하고 있습니다. 이 인상적인 풍경화를 접하고 떠나는 사람들에게 네덜란드는 어떤 이미지로 기억될까요? 그들 마음속 깊이 각인되었을 아름다운 풍경들을 떠올려보면, 공항 안 면세점과 이웃해 있는 이 미술관의 입지에 감탄하지 않을 수 없습니다. 인프라와 문화, 그리고 상업 공간이 사용자들의 '시간-사용'(time-use)과 절묘하게 결합된 성공적인 문화시설이자 국가 브랜딩 전략이라고 할 수

　　　　　　　　　　　　　　　　　미술관의 입구

있겠습니다.

이 책을 통해서 살펴본 독일, 영국, 네덜란드의 미술관들은 이 미술관과 마찬가지로 저마다 독특한 방식으로 도시, 자연, 그리고 작품과 관계 맺고 있음을 알 수 있었습니다. 바로 이러한 안팎의 관계 맺음 방식이야말로 '입구'를 통해 드러나는 지형이며, '입구'를 통해서 구체화되는 사용의 가치이자 미술관만의 독특한 경험이라고 하겠습니다.

한편, 테이트 모던의 터빈 홀을 놀이터로 탈바꿈시킨 카스텐 홀러(Carsten Holler)의 미끄럼틀이나 터빈 홀을 무도장으로 변모시킨 보리스 샤르마츠(Boris Charmatz)의 춤사위, 그리고 스톡홀름 근대미술관(Moderna Museet, the Museum of Modern Art, 1958년 개관)을 음악당으로 변화시킨 미셸 본 하우스볼프(Carl Michael von Hausswolff)의 음(音)과 같은 작품들은 이러한 미술관만의 독특한 경험이 바로 현대미술관들이 수집하고, 전시하고, 소장하는 예술작품이라는 사실을 깨닫게 해줍니다. 그리고 미술관을 통해서 우리가 접하는 의미 있고 가치 있는 유무형의 경험들로 말미암아, 오늘과 미래의 미술관은 무궁무진하게 다양한 모습으로 변화할 것입니다.

올라푸르 엘리아손은 "미술관은 단순히 예술작품이나 사물의 형상으로 세계의 형태를 수집하는 것이 아니라 세계를 형태화한다"고 말하고,[62] 미래의 미술관은 예술작품이나 경험을 범주화하고 카탈로그화하는 대신에 작품과 관객, 그리고 미술관과 사회의 만남 속에서 변화의 가능성을 키워내는 공간이 될 것이라고 예측하였습니다. 그의 말처럼, 미술관이란 작품이 본래 소유되고 사용되었던 컨텍스트에서 벗어나, 예술작품과 관람객 사이에 새로운 컨텍스트를 창출함으로써 새로운 의미와 가치를 생산하는 미적 경험의 장소입니다. 그리고 그러한 경험의 폭과 넓이가 확장됨에 따라, 미래의 미술관은 훨씬 더 다양하고, 능동적인 방식으로 우리 삶과 관계되는 '변화'와 '가능성'의 공간이 될 것이고, 이러한 경험을 다른 이들과 공유하고 소통하는 친밀한 공공 공간이 될 것입니다.

서두에서 언급한 것처럼 예술이 소통의 기술이라면, 공공 공간은 연결의 공간이라고 할 수 있을 것입니다. 물론 여기서 말하는 연결은 일회적이거나 일시적인 것이 아니라 삶에 의미와 가치를 부여하고 우리를 변화시키는 지속적인 경험과 관계된 것임은 주지의 사실입니다. 공공 공간에 관한 이론가인 마르턴 하예르는 이것을 경험 그 자체보다는 '경험된 시간'(experienced time)이라는 말로 표현했습니다. 쉽게 말해서 '경험된 시간'이란 내 삶 속에서 체험된 시간이며 어떠한 경험이 여러 번 반복되고 또 다른 경험으로 연결되는 지속성과 연계성을 가진 개념입니다. 예컨대 한 달에 한 번 넓은 중앙공원을 걷는 것보다 집, 직장, 식당, 혹은 교회를 오가는 중 매일 만나는 작은 공원을 걷는 것이 경험된 시간의 측면에서는 더 바람직하다고 말할 수 있을 겁니다. 빈번히 공원을 체험하는 사람들은 더 많은 계기적 사건에 접할 수 있을 테니까요. 어쩌면 건축가 알도 반 아이크가 말한 '사람의 모습을 갖는 공간'(place)과 '사람의 모습을 갖는 시간'(occasion)이라는 개념도 '경험된 시간'과 '경험된 공간'을 이야기하는 것이라는 생각이 듭니다.

관련해서, 우리가 살펴본 오늘날의 미술관들이 '경험'을 소통하

미술관의 입구

고 연결하는 공간으로 변모해가면서 더욱더 장소와 사람에 밀착된 공간과 프로그램을 필요로 하고 있다는 사실을 주목해주기 바랍니다. 복도로 연결되는 닫힌 공간 구성 대신에 광장으로 연결되는 열린 공간 구성을 갖게 되고, 사물 중심의 전시 공간 대신에 환경 중심의 전시 공간으로 변하게 되고, 전시작품을 보호하는 대신에 전시작품이 움직이기 시작했습니다. 그래서 미술관은 작품을 보기 위한 집에서 사람을 만나기 위해 집 밖으로도 나가고, 놀이터로도 무도장으로도 음악당으로도 변합니다. 무엇보다도 '예술의 신전'이라는 과거의 엄격하고 위풍당당한 이미지를 벗어던지고 친근한 표정으로 소근거리는 '사건의 관문'으로 변했습니다.

이 책은 이와 같은 '사건의 관문'인 미술관들의 입구가 도시와 만나고 사람들과 만나고 예술작품들과 만나는 방식에 대해서 이야기하고 있습니다. 마치 시민들에게 사랑받는 공공 공간이 막다른 길에 위치하지 않는 것처럼, 미술관의 입구의 '출구' 또한 새로운 입구로, 새로운 가능성으로 연결되길 기대해보면서 한 영국 건축가가 이야기한 미술관의 미래상을 공유하면서 홀가분한 마음으로 이 책의 출구로 나섭니다.

미래의 미술관은 건물이 권위를 구현하고, 정보를 우리들에게 송출하는 전형적인 방식에서 벗어나, 주변의 도시환경과 보다 직접적이고 일상적인 관계를 맺으며 사람들의 반응을 끌어내는 미술관으로 바뀌게 될 것이고, 사물과의 직접적인 만남을 통해서 대중을 아이디어와 이슈들에 관한 경험과 소통의 장으로 끌어들이는 것이 미술관의 핵심 과제가 될 것입니다. 그리고 만일 관객들이 제대로 참여할 수만 있다면, 이러한 아이디어와 이슈들의 해석에도 기여할 수 있을 것입니다. 한편, 물건에 대한 소유권은 그 매력도나 중요성이 떨어지게 될 테고, 인터넷을 통한 공유는 최대한 자유롭고 개방적으로 정보를 찾고, 모으고, 교환할 수 있도록 할 것입니다. 결국, 미술관은 미술관이 소유하고 있는 것들을 이전과는 다른 방식으로 공유하는 방법을 체득하게 되겠죠. 관객의 참여는 관계된 소통방식과 접근성을 강화시킬 것이고, 미술관의 물리적인 경험은 사람들과의 더 많은 상호작용과 더불어, 보다 개방적이고 친근하며 생각과 아이디어를 공유하도록 유도하는 공간으로 바뀌어야 할 것입니다.[63] 💬

| 주 |

1 Netherlands Museums Association, The Social Significance of Museums, 2011

2 권태일, "13가지 색깔로 유혹하는 마인 강 박물관들", 정책뉴스 홈페이지(http://www.korea.kr) 참조

3 Michaela Giebelhausen, "Museum Architecture: A Brief History," in A Companion to Museum Studies, ed. Sharon Macdonald(Malden, MA: Blackwell Publishing, 2006), p. 237

4 http://www.behnisch-partner.de/projects/civic-buildings/museum-for-post-and-communication 참조

5 [특집] 독일 건축 박물관. 백경무-건축(대한건축학회지): v.47 n.8 (200308) 참조

6 서상우, 뮤지엄건축 : 도시 속의 박물관과 미술관, 살림출판사, 2005

7 이관석, "미술관·박물관 건축과 건축가", 국립현대미술관 연구논문 2009 제1집 Vol. 1, 국립현대미술관, 2009 참조

8 승효상, 건축, 사유의 기호, 돌베개, 2004, pp. 234~237

9 http://www.schirn.de/en/m/schirn 참조

10 Olivier Elser, "A Piece of Cake: Hans Hollein's Museum for Modern Art in Frankfurt am Main," uncube magazine no. 24 참조

11 심상용, 그림 없는 미술관, 이룸, 2000년, pp. 152~154

12 http://mmk-frankfurt.de/en/mmk-1 참고

13 건축설계사무소 홈페이지(http://www.hascherjehle.de) 프로젝트 개요에서 발췌

14 건축설계사무소 홈페이지(http://www.hascherjehle.de) 프로젝트 개요에
   서 발췌

15 http://www.saatchigallery.com/museums/museum-profile/
   Kunstmuseum+Stuttgart/1249.html

16 서경식, 고뇌의 원근법, 돌베개, 2009 참조

17 http://www.publicspace.org/en/works/d064-areal-kleiner-
   schlossplatz에서 발췌

18 유시민, 유시민과 함께 읽는 독일 문화 이야기, 푸른나무, 2006, p. 148.

19 1972년 증축동은 Heinrich Volbehr와 Rudolf Thonessen이 설계했
   다. 렌바흐 미술관 건축에 관한 역사는 미술관 홈페이지(http://www.
   lenbachhaus.de)를 참고

20 http://www.dezeen.com/2013/05/08/lenbachhaus-museum-by-
   foster-partners

21 제라르 조르주 르메르 지음, 장 클로드 아미엘 사진, 이충민 옮김, 화
   가의 집, 아트북스, 2011

22 Maarten Hajer & Arnold Reijndorp, In Search of New Public
   Domain, NAi Publishers, 2001, p. 89

23 Reinhold Baumstark, Alte Pinakothek, Scala publishers, 2006, p. 9

24 마르틴 바른케 지음/노성두 옮김, 정치적 풍경, 일빛, 1997, pp. 92~94

25 이현애 지음, 독일 미술관을 걷다, 마로니에북스, 2012 참조

26 http://www.archdaily.com/36193/brandhorst-museum-sauerbruch-
   hutton 참조

27 http://www.archdaily.com/36193/brandhorst-museum-sauerbruch-
   hutton

28 http://www.dezeen.com/2009/02/16/brandhorst-museum-by-
   sauerbruch-hutton/

29 실제 리베스킨트 역시 이 공간을 걸을 때 느끼는 불편함에 대해 언급하기도 했다. "One feels a little bit sick walking though it. But it is accurate, because that is what a perfect order feels like when you leave the history of berlin."

30 원래 피터 아이젠만과 리처드 세라의 공동 작품이었으나 당선 이후 규모가 줄어들고 설계 변경이 진행되면서 리처드 세라는 빠지게 되었다.

31 Cynthia C. Davidson(ed.), Anytime, MIT Press, Cambridge, 1999, pp. 250-257, 재인용) Tom Avermaete 외 (ed), 권영민 역, 건축, 근대성과 공공영역에 대한 36인의 건축적 입장들(Architecture, Modernity and the Public Sphere), Spacetime

32 Route of Industrial Heritage, http://www.route-industriekultur.de

33 European Capitals of Culture, http://ec.europa.eu/

34 UNESCO Zollverein (Germany) No. 975 Report, p. 109 참고

35 OMA "Three in One" Lecture at the Berlage Institute in Rotterdam by Rem Koolhaas, https://vimeo.com/25071414

36 European Green Capital, http://ec.europa.eu 참고

37 김정후, 발전소는 어떻게 미술관이 되었는가, 돌베개, 2013

38 World Heritage, http://worldheritagesite.org/sites/site.php?id=975 참고

39 UNESCO Zollverein (Germany) No. 975 Report, p. 111 참고

40 OMA/AMO 홈페이지(http://oma.eu/projects/zollverein-masterplan) 프로젝트 개요에서 발췌

41 〈아트뉴스〉, 2004

42 Udo Weilacher, In Gardens: Profiles of Contemporary European Landscape Architecture (Basel: Birkhauser, 2005), p. 76

43 Goethe Institute, http://mucz-lbv-002.goethe.de/kue/bku/msi/mui/
en27530.htm

44 홈브로이히 섬 미술관 홈페이지(http://www.inselhombroich.de) 'Open-
Ended Experiment'에서 발췌

45 MIRRORING THE PROMISE OF THE INDIVIDUAL(http://
www.theglassmagazine.com/mirroring-the-promise) 인터뷰 참조

46 랑겐 파운데이션 홈페이지(http://www.langenfoundation.de/en/
architecture/history/)에서 발췌

47 홈브로이히 섬 미술관 홈페이지(http://www.inselhombroich.de) 'Open-
Ended Experiment'에서 발췌

48 네덜란드 박물관 협회, http://www.museumvereniging.nl/

49 MVRDV 홈페이지, https://www.mvrdv.nl/ 참고

50 http://www.biografischwoordenboekgelderland.nl/bio/1_Helene_
Emma_Laura_Juliane_Kroller-Muller

51 헨리 판 데 펠데(Henry van de Velde)가 설계

52 크뢸러-뮐러 미술관 홈페이지(http://krollermuller.nl/en/history) 역사 비
디오에서 발췌

53 European Capitals of Culture(http://ec.europa.eu/programmes/creative-
europe/actions/capitals-culture_en.htm)

54 http://www.academyofurbanism.org.uk/urbanism-awards-
rotterdam-takes-top-prize

55 Port of Rotterdam, (https://www.portofrotterdam.com/en/the-port/facts-
figures-about-the-port)

56 '마켓홀'에 빠진 네덜란드, http://magazine.hankyung.com

57 7명의 건축가들은 다음과 같다. Dam & Partners, Erik Knippers,
Hubert-Jan Henket, Heinz Tesar, Francesco Venezia, Paul

Chemetov, Cruz y Ortiz.

58 Irina van Aalst&Inez Boogaarts, "From museum to mass entertainment: The evolution of the role of museums in cities", European Urban and Regional Studies; Vol. 9, No. 3, 2002, p. 201

59 http://www.stedelijk.nl

60 반 고흐 미술관 관장 Axel Ruger의 개관식 인사말 중에서, http://artdaily.com

61 건축가의 작품 설명 중에서, http://www.archdaily.com

62 http://www.tate.org.uk/context-comment/articles/what-museum-future

63 Tate Etc. issue 35: Autumn 2015에 소개된 Stephen Witherford의 인터뷰 중에서 발췌

미술관의 입구

1판 1쇄 인쇄 2016년 9월 20일
1판 1쇄 발행 2016년 9월 26일

지은이   신승수 · 신은기 · 최태산
펴낸이   정규상
출판부장   안대회
편집   신철호 · 현상철 · 구남희
외주디자인   장주원
마케팅   박정수 · 김지현
관리   황용근 · 박인붕

펴낸곳   성균관대학교 출판부
등록   1975년 5월 21일 제1975-9호
주소   03063 서울특별시 종로구 성균관로 25-2
전화   02)760-1252~4
팩스   02)760-7452
홈페이지   http://press.skku.edu/

ⓒ 2016, 신승수, 신은기, 최태산

ISBN 979-11-5550-180-1 03610